A QUI S'ADRESSE CE LIVRE ?

Ce livre s'adresse aux personnes qui veulent sortir de circuit « métro-boulot-dodo » pour avoir plus de liberté et goûter à l'indépendance ;

Aux personnes qui ne veulent plus dépendre d'un salaire, d'un patron et d'un travail qui ne les passionne pas ;

A celles et ceux qui estiment avoir des revenus insuffisants pour réaliser leurs projets de vie, et qui veulent devenir autonomes financièrement ;

Aux personnes qui veulent concrétiser leur projet d'investissement immobilier, démarrer sereinement et générer des revenus supplémentaires ;

A ceux qui veulent connaître la marche à suivre pour se lancer, ne pas se tromper, ne pas perdre de temps ni d'argent !

bousculé. D'après Timothy Ferriss[3], le niveau de succès que nous pouvons atteindre dans notre vie est directement proportionnel au nombre de difficultés que nous sommes prêt à affronter.

Et le fait que tu sois déjà dans une démarche de vouloir changer ta vie et que tu aies de nouveaux objectifs est une première étape. Ce *Mode d'emploi de l'investissement immobilier locatif* n'est pas juste un bouquin que tu achètes et qui prend la poussière sur ta table de chevet, ni encore un livre que tu lis comme un L. Gounelle ou un M. Levy : c'est un réel cheminement. Et littéralement, en achetant mon livre, tu as ouvert la première page d'un nouveau chapitre de ta vie.

Tu as déjà fait un bout du chemin qui est énorme. Maintenant, mon livre n'est pas là pour te donner ce *mindset* : il y a des ouvrages qui sont dédiés au développement personnel et écrits par des personnes expérimentées, des entrepreneurs renommés. Si tu es désireux de changer ton *mindset* et tes objectifs de vie, c'est une très bonne chose mais il faut savoir passer à l'action.

Pour mieux comprendre l'état d'esprit dans lequel j'écris ce livre, laisse-moi te conseiller ces quelques ouvrages :

La semaine de 4 heures, Timothy FERRISS

Père riche, père pauvre, Robert T. KIYOSAKI

Les 7 habitudes de ceux qui réussissent tout ce qu'ils entreprennent, Stephane R. COVEY

Les 4 accords Toltèques, Don Miguel RUIZ

[3] *La semaine de 4 heures*, Timothy Ferriss, 2007.

Tu pourras également retrouver de nombreux podcasts et vidéos Youtube sur le sujet en parcourant le web.

Les clefs sont entre tes mains : les conseils que je vais te donner sont des conseils pratiques tirés de mon expérience, mais ton *mindset* t'est propre car tes objectifs le sont tout autant.

Avant me lancer, j'étais comme toi : j'avais envie de changer ma vie, je rêvais d'indépendance, mais je ne savais pas comment m'y prendre, ni si cela était à ma portée. Mais il n'y a qu'en sortant de sa zone de confort, en prenant des risques et surtout en croyant en soi que l'on peut véritablement changer sa vie et atteindre ses objectifs. Mon seul conseil :

LANCE-TOI !

Sommaire

ÉTAPES PRÉALABLES

L'ÉPARGNE

L'épargne est essentielle dans le processus d'investissement : elle est la **vitrine de ta gestion financière** qui va te rendre crédible auprès des établissements bancaires. Lors d'une demande de crédit auprès d'une banque, cette dernière va étudier dans tes relevés de comptes plusieurs choses :

- **Ton passé financier** : la banque consulte le Fichier national des Incidents de remboursement des Crédits aux Particuliers (FICP) et le Fichier Central des Chèques (FCC), pour vérifier que tu n'as pas eu d'incidents de remboursement ou de paiement (cel est déterminant) ;

- **Ta capacité de remboursement** : elle est directement corrélée à ta capacité d'épargne. Tu dois être en mesure d'épargner chaque mois au moins l'équivalent des mensualités de crédit auxquelles tu prétends, pour démontrer à ton banquier que tu es déjà capable d'assumer ces mensualités ;

- **La gestion de tes finances**, et plus précisément si tu vis au-delà de tes capacités, si tu dépasses ou non ton découvert autorisé, si tu es un habitué des frais d'irrégularité et des agios etc…

Il faut donc bien prendre en compte tous ces facteurs avant de te lancer : assure-toi qu'ils soient présentables, et pour cela je vais te donner quelques conseils.

Dans un premier temps, il faut gérer tes dépenses. **Commence par te payer toi** avant de payer les autres, c'est très important. Dès que ta paie arrive, ne fais pas l'erreur que beaucoup font en flambant tout à droite et à gauche : mets en place un virement automatique 1 à 2 jours après le virement de ton salaire de ton compte courant vers un livret d'épargne. C'est très important vis-à-vis de la banque, car non seulement cela va te crédibiliser, mais tu vas également commencer à te créer de la trésorerie pour la suite de tes projets. Je te conseille de commencer par mettre de côté 10% de ton salaire : cette somme augmentera progressivement au fur et à mesure que tes projets fonctionnent.

Ensuite, **étudie tes relevés de compte** et liste tes dépenses, afin de visualiser ce qui est inutile et ce qui peut être négocié ou supprimé. Pour ma part, j'ai perdu bêtement près de 400€ avec un abonnement mensuel de 9€ pendant 4 ans, alors que je pensais que je m'être désabonné... Mais c'était entièrement de ma faute car je ne gérais que très peu mon argent, sans vérifier mes comptes. Et le pire dans tout ça, c'est que je me suis aperçu que je n'étais pas le seul, loin de là ! Alors regarde bien les tiens, et pose-toi la question de savoir si tu as réellement besoin de certains abonnements ? Des abonnements de musique que tu n'utilises que très peu, des abonnements de magazines qui prennent la poussière dans ta table basse, de produits en ligne, Netflix etc...

Tu dois prendre de ton temps pour négocier tes abonnements du type téléphonie ou assurances afin de faire jouer la concurrence et de baisser les prix. Je te conseille le site www.lebonforfait.fr afin de comparer et d'optimiser au mieux ces dépenses. Tout cela mis bout à bout te permettra d'économiser et de pouvoir te focaliser sur tes investissements pour t'enrichir.

Arrête tes mauvaises habitudes. Ce sont toutes les petites dépenses régulières qui tuent tes ressources : je parle d'achats impulsifs, de dîners 3 à 4 fois par semaines au fast food, de vêtements dont tu n'as pas forcément besoin... Sache que chacune de ces petites dépenses est un frein vers ton indépendance financière.

Enfin, **soldes tes crédits** si tu en as : ils t'éloignent de ton indépendance et font fuir les banques. Dans ce cas, tu as 2 possibilités :

- Puiser dans ta trésorerie, si elle est suffisamment importante pour à la fois solder le crédit et te crédibiliser auprès de ton banquier pour ton futur emprunt immobilier ;

- Étaler tes dettes au maximum, afin d'avoir une mensualité la plus faible possible pour baisser ton taux d'endettement.

Ces mensualités font exploser ton **taux d'endettement**, qui ne doit pas dépasser **33%**, soit un tiers de tes revenus. Toutefois, ton taux d'endettement ne dépend pas exclusivement des crédits que tu as contractés : il comprend tout à la fois tes mensualités de crédit si tu en as, et de tes charges fixes : loyer, impôts, pension alimentaire etc.

Pour autant, la banque ne s'intéresse pas seulement au taux d'endettement : elle regarde aussi - et surtout - ce qu'elle appelle le « **reste à vivre** » (ou le revenu mensuel minimum). Il s'agit de la somme te restant pour vivre après paiement de tes charges fixes et de tes mensualités de crédit ; autrement dit, ce qu'il te reste pour te nourrir, t'habiller, te faire plaisir. Il existe une grille, actualisée chaque année, à laquelle l'établissement bancaire se réfère pour déterminer si tu seras en capacité « de vivre » au-delà de tes charges et mensualités de crédit.

Ce reste à vivre dépend de la composition de ton foyer : même si tu empruntes seul, la banque regardera la composition globale de ton foyer. Cela est d'ailleurs tout aussi vrai dans le calcul de ton taux d'endettement : que tu empruntes seul ou à deux, la banque prendra en compte les charges communes du foyer. Ainsi par exemple, si tu empruntes seul, elle comptabilisera dans les charges l'intégralité de ton loyer ou d'une mensualité de crédit contracté à deux, tandis qu'elle ne prendra en compte dans les revenus que ton salaire. Cela peut considérablement faire pencher la balance pour ton dossier.

Emprunt à deux		**Emprunt seul**	
Loyer	500€	Loyer	500€
Crédit	150€	Crédit	150€
Impôts	80€	Impôts	80€
Charges	730€	Charges	730€
Salaire 1	1400€	Salaire 1	1400€
Salaire 2	1300€		
Revenus	2700€	Revenus	1400€
Taux d'endettement 27%		**Taux d'endettement 52%**	

Le CDI

Le CDI - contrat à durée indéterminée - est la première clé dans ton enrichissement. Et là, tu dois certainement te demander pourquoi je te parle de CDI alors que ton objectif est d'être indépendant ? Tout simplement car il agit comme un **effet de levier** : parce qu'il est gage de sécurité de l'emploi, il est une condition *sine qua none* pour l'octroi de ton crédit immobilier auprès des banques. Peu importe la branche d'activité dans laquelle tu évolues, peu importe le salaire que tu perçois, peu importe le dossier que tu lui présenteras, le banquier n'y prêtera probablement pas attention si tu n'as pas de CDI...

Si tu n'es pas en CDI, je te conseille soit de négocier avec ton patron actuel pour qu'il t'en propose un, soit de rechercher dès à présent une entreprise qui te propose un CDI. Libre à toi de rechercher dans ta branche de prédilection ou non : garde en tête que ce n'est qu'un levier pour financer tes projets.

Pas la peine d'être avocat, médecin ou ingénieur pour avoir accès à un crédit immobilier : une personne touchant un SMIC en CDI peut tout à fait y prétendre. Et au contraire, un médecin peut se voir refuser une demande de crédit pour mauvaise gestion de ses comptes. Cela dépend du type d'achat proposé, de ta stratégie immobilière et de la qualité du dossier présenté au banquier.

Tu l'auras compris, le CDI est un élément essentiel pour obtenir un financement bancaire. Même si ce n'est pas ton objectif final, je vais t'apprendre à l'apprécier comme un moyen et non comme une finalité pour t'enrichir.

Si pour la plupart des gens, ce type de contrat de travail représente un idéal et une sécurité au long terme, c'est en réalité un leurre. Le CDI va t'emprisonner dans un engrenage appelé « rat race » : tu vas gérer ta vie et tes dépenses en fonction de ton salaire, tu vas contracter des crédits à la consommation pour tes projets les plus onéreux (travaux, mariage, voiture), un crédit immobilier pour t'offrir ta résidence principale etc... jusqu'à ce que tu atteignes ce fameux taux d'endettement de 33%. Tu vois dores et déjà que tout cela a une limite. Mais ce n'est pas tout...

Le chômage

Si le CDI est le graal des salariés, il ne met pour autant pas à l'abri du chômage, notamment lorsque celui-ci est induit par une crise économique : si l'entreprise pour laquelle tu travailles procède à des licenciements économiques ou tout simplement qu'elle fait faillite, les agences Pôle Emploi seront ravies de t'ouvrir leurs portes de 8h30 à 16h30, avec ou sans rendez-vous.

Dans ta quête d'indépendance, tes revenus ne doivent pas dépendre de la santé financière d'une entreprise. Ton investissement doit reposer sur autre chose, comme un besoin général et intarissable, quelque soit le contexte. L'immobilier locatif répond pleinement à cette exigence : il y aura toujours besoin de logements, et cela est d'autant plus vrai que nous sommes de plus en plus nombreux à devoir vous loger.

Investir dans l'immobilier locatif te protège du chômage, en générant des revenus qui ne dépendent que de toi. Ainsi, non seulement tu te constitues progressivement un patrimoine et une trésorerie, mais tu accrois par la même occasion ton capital pour investir de nouveau. Cela te permet de faire face à l'éventualité d'un aléa et de préparer ta retraite.

La « retraite »

La retraite... Ce moment à la fois redouté et tant attendu par tous les salariés : enfin pouvoir couler une vie douce après 40 années de dur labeur, entouré de sa famille et de ses amis, à voyager, s'occuper de soi, de son jardin, enfin libéré de tous ces crédits... Ça ne te fait pas rêver ? Eh bien moi, pas du tout !

Tu as (ou tu vas) travaillé(r) au service d'un patron, 35 à 40 heures par semaines si ce n'est plus, 47 semaines par an pendant 40 années avant de pouvoir profiter d'avoir du temps pour toi. Rien que pour toi. Tu auras cotisé tout ce temps pour ne toucher qu'une faible partie de ton salaire moyen sur les 25 meilleures années de ta carrière. Et te voilà, à 60 voire 65 ans, à te demander ce que tu vas bien pouvoir faire de toute cette oseille ?

Si comme moi, ce système ne te convient pas, l'investissement dans l'immobilier locatif répond, là encore, à ton objectif d'indépendance. Car non, tu n'es pas obligé de suivre cette voie. Je rejoins les propos de Timothy Ferriss[4] qui prône le système de « **mini-retraites** » afin de profiter dès maintenant du temps que tu as afin de voir ta famille, tes amis, voyager, etc. C'est-à-dire que chaque année, tu choisis de prendre du temps pour toi et faire ce que tu aimes plutôt que d'attendre tes 5 semaines de congés payés ou la retraite. Tu choisis les moments de l'année et le temps que tu prends pour toi et tout cela, grâce à tes investissements immobiliers qui te génèrent des revenus

---

[4] *La semaine de 4 heures*, Timothy Ferriss, 2007.

passifs. Ces revenus te permettent de mettre de côté pour prendre une retraite anticipée d'ici quelques années, de te faire plaisir avec des « mini retraites » maintenant, tout en continuant à investir.

ÉTAPE 1
LES STRATÉGIES

Les deux seules questions à te poser maintenant afin que tu puisses établir ton plan d'action sont les suivantes :

Combien de revenus souhaites-tu générer chaque mois ?

En combien de temps souhaites-tu acquérir cette somme ?

Il te faut fixer tes objectifs avant de commencer, car ce sont eux qui vont guider tes stratégies à venir.

L'EFFET DE LEVIER BANCAIRE

« L'effet de levier consiste, pour une entreprise, à utiliser l'endettement pour **augmenter sa capacité d'investissement**. *Les bénéfices obtenus grâce à l'endettement deviennent ainsi plus importants que la valeur de l'endettement. L'effet de levier peut être utilisé sur des fonds propres. »*[5]

L'effet de levier est un mécanisme indispensable pour s'enrichir rapidement, en utilisant de l'argent qui ne nous appartient pas réellement, car il s'agit en réalité des fonds octroyés par la banque. On va les utiliser pour investir, ici dans l'immobilier, et générer des revenus locatifs plus importants que le montant des mensualités du crédit.

EXEMPLE

Montant du crédit : 100 000€
Mensualité du crédit : 500€
Revenus locatifs : 600€
Cash-flow mensuel : 100€

Il faut donc bien comprendre ici que c'est le locataire qui, en te versant le montant du loyer chaque mois, va payer tes mensualités de crédit à la banque à ta place ; c'est également lui qui va payer les charges liées au bien comme l'eau, l'électricité,

[5] www.petite-entreprise.net

le gaz, les charges de copropriété, etc. Afin d'être rentable, l'idée est ne jamais mettre un seul euros de ta poche.

Ainsi, à la fin de tes échéances de prêt, tes locataires auront payer l'intégralité du crédit et, par la même, t'auront enrichi. En toute logique, dès lors que ton crédit immobilier arrive à son terme, la quasi totalité des revenus de tes loyers te reviendra.

Étudions ensemble les différentes stratégies d'investissement possibles, leurs points faibles et leurs points forts, afin de déterminer la meilleure stratégie pour atteindre ton objectif.

L'ACHAT - REVENTE

AVANTAGES

Génère rapidement un cash-flow : l'achat-vente consiste à acheter un bien en-dessous du marché et le revendre à un prix plus élevé pour se dégager une marge (après rénovation par exemple).

Le cash-flow généré permet de se constituer une importante trésorerie pour investir dans d'autres projets.

Acheter en RP (résidence principale) permet de revendre le bien sans payer de taxe sur les plus-values, à la condition seulement de respecter un certain nombre de critères que tu retrouveras sur www.impots.gouv.fr.

En qualité de marchand de biens, le nombre d'achat-reventes n'est pas limité.

INCONVÉNIENTS

Mal estimer la plus-value potentielle et les coûts liés à l'opération peut être risqué.

Si le bien faisant l'objet de l'achat-revente n'est pas une RP, la taxe sur les plus-values est importante et peu entacher les bénéfices de l'opération.

Risque d'être considéré par l'administration fiscale comme un marchand de biens si les opérations d'achat-revente sont nombreuses.

LA COLOCATION

AVANTAGES

C'est l'une des stratégies les plus rentables, car plusieurs personnes se partagent une surface commune, qui est donc payée plusieurs fois, par chacun des colocataires en plus de leur espace privatif. Le cash-flow généré est donc plus important qu'un loyer « classique ».

La demande est forte dans les grandes villes et les villes étudiantes.

Il s'agit d'une niche fiscale à condition de pratiquer la colocation meublée.

Contrairement à la location « classique », le risque d'impayé est moins élevé, car ce risque ne repose pas sur une seule personne : les colocataires sont tenus solidairement du paiement du loyer : si l'un d'entre eux est défaillant, les autres ont l'obligation de payer sa part.

En proposant la colocation pour un bail de 9 mois (colocation étudiante), le bien peut être proposé en location saisonnière l'été afin d'augmenter la rentabilité de l'investissement.

INCONVÉNIENTS

Le principal risque est la détérioration du bien par les colocataires et les nuisances sonores qu'ils peuvent provoquer auprès du voisinage (soirées étudiantes etc.).

Pour limiter les risques, il faut instaurer des règles de communauté et pouvoir se rendre plus disponible.

La division de bien

Avantages

La division de bien génère une plus-value importante car d'un bien naissent plusieurs biens d'une surface moins importantes, étant entendu que les petites surfaces se vendent et se louent plus cher au mètre carré.

En couplant la division de bien à la location meublée ou l'achat-revente, le cash-flow généré est encore plus important.

Inconvénients

L'opération est soumise à l'approbation de l'urbanisme et de la copropriété, ce qui la rend plus complexe.

La division de bien suppose des travaux importants, qui sont un frein pour beaucoup d'investisseurs, et nécessite l'intervention d'un architecte et de professionnels qualifiés.

LA LOCATION MEUBLÉE

AVANTAGES

C'est l'une des stratégies les plus rentables, car les meubles qui habillent la location constituent des charges déductibles des impôts, ce qui permet d'augmenter ton cash-flow. Par ailleurs, les loyers sont plus importants en location meublée qu'en location nue.

La demande est forte dans les grandes villes et les villes étudiantes.

Une belle décoration et un beau design permet de capter une clientèle plus aisée et donc de justifier des tarifs plus élevés.

En proposant la location pour un bail de 9 mois (location étudiante), le bien peut être proposé en location saisonnière l'été afin d'augmenter la rentabilité de l'investissement.

INCONVÉNIENTS

Il y a un plus grand *turn over* des locataires, car le locataire cible n'a pas pour objectif de rester éternellement dans le bien (étudiant, saisonnier...), ce qui nécessite une plus forte implication dans la gestion du bien.

En copropriété, il faut s'assurer que location meublée ne soit pas interdite.

La location courte durée

Avantages

La location courte durée (LCD) génère un *cash flow* plus important que la location « classique ». Sur un même bien, si l'on rapporte le montant du loyer d'une location nue ou meublée au nombre de jours composant le mois, la location courte durée est plus rémunératrice.

Parce que le cash flow généré est plus important, il est plus facile de faire fructifier l'épargne pour la réinvestir dans d'autres projets.

La demande est forte partout, même dans les petites villes : il y a toujours des évènements, des formations, des lieux touristiques qui font venir les voyageurs.

Le risque d'impayé est inexistant, la réservation de la nuitée étant subordonnée au paiement de celle-ci.

Inconvénients

Il y a un *turn over* quasi quotidien à l'exception des locations à la semaine, ce qui nécessite une plus grande implication dans la gestion du bien (quoique... nous y reviendrons).

Gestion qui peu être stressante car le cash flow dépend du nombre aléatoire de réservations, qui peuvent par ailleurs tomber à la dernière minute.

La concurrence est forte, il faut que le bien sorte du lot (décoration, équipement, emplacement...).

La bonne stratégie pour débuter

Tu as donc pu voir qu'il existait une multitude de stratégies immobilières afin d'investir : elles sont toutes plus ou moins intéressantes, mais je vais te donner mon avis sur la façon de faire pour commencer vite et fort !

La première stratégie à adopter lorsque l'on débute dans l'investissement locatif, c'est la **location courte durée** (qui, évidemment, est meublée). Elle est un effet de levier bien plus conséquent que les autres stratégies, ce qui engendre plus de *cash flow* et te permet continuer sur ta lancée en achetant d'autres biens rapidement. À titre de comparaison, à *cash flow* équivalent, il te faudrait mettre en location plus de biens en location « classique » qu'avec un bien en LCD : il te faut donc également plus de temps pour faire grandir ta trésorerie.

Le fait de construire et de consolider ta trésorerie va te crédibiliser auprès des banques, qui vont se rendre compte que tu sais gérer ton argent, que tu sais de quoi tu parles lorsque tu leur présenteras un nouveau dossier et que tu sais gérer et exploiter un bien immobilier.

J'ai acheté mon premier bien 119 000€ dans une grande ville, tous frais inclus (appartement, agence immobilière, notaire, travaux) ce qui m'engage à payer 589€ par mois de crédit immobilier. J'ai opté pour la stratégie location en courte durée : avec une moyenne de 60€ la nuit et un taux de remplissage de

81% (soit 27 nuits / mois), je me dégage un chiffre d'affaires de 1 620€ par mois.

En déduisant la mensualité de crédit et les autres charges nécessaires à l'exploitation du bien, cet investissement me rapporte **800€ de *cash flow*** par mois (et oui, c'est du net). Si en revanche j'avais opté pour location « classique », avec un bail de 3 ans, mon bien serait à peine rentable compte tenu de ma mensualité de crédit.

Mais il est judicieux de ne pas mettre tous tes œufs dans le même panier : je te conseille de faire de la colocation et de la location en moyenne durée meublée (bail de 9 mois) en parallèle de ta ou tes locations en courte durée. Cela te permettra de minimiser les risques tout en continuant sur une stratégie payante. En effet, tu auras un *cash flow* un peu moins intéressant, mais tu ne seras pas directement tributaire de certaines crises qui peuvent survenir. À titre d'exemple, la crise sanitaire du Covid-19 a drastiquement diminué les revenus en courte durée de par l'obligation de confinement ; en revanche, les locations dites « classiques » ne sont pas perturbées car les locataires continuent de louer et payer leur loyer.

Par la suite, afin de financer de plus gros projets, la division de bien et l'achat-revente seront des stratégies inévitables si tu souhaites continuer d'accroître ton patrimoine. Tu auras derrière toi un bon bagage, tu auras acquis de l'expérience pour trouver rapidement les bonnes affaires, négocier les biens et les prêts et présenter des dossiers solides à ton banquier.

Étape 2
La fiscalité

Les régimes fiscaux

Si la fiscalité est le volet le moins palpitant du processus d'investissement locatif, il est néanmoins plus qu'essentiel de le maîtriser : connaître les régimes fiscaux qui s'appliquent à ton activité est primordial afin de faire les bons choix pour payer le moins d'impôts et, par la même, de maximiser ton *cash flow*.

Les revenus locatifs sont soumis à l'un de ces **2 régimes** :

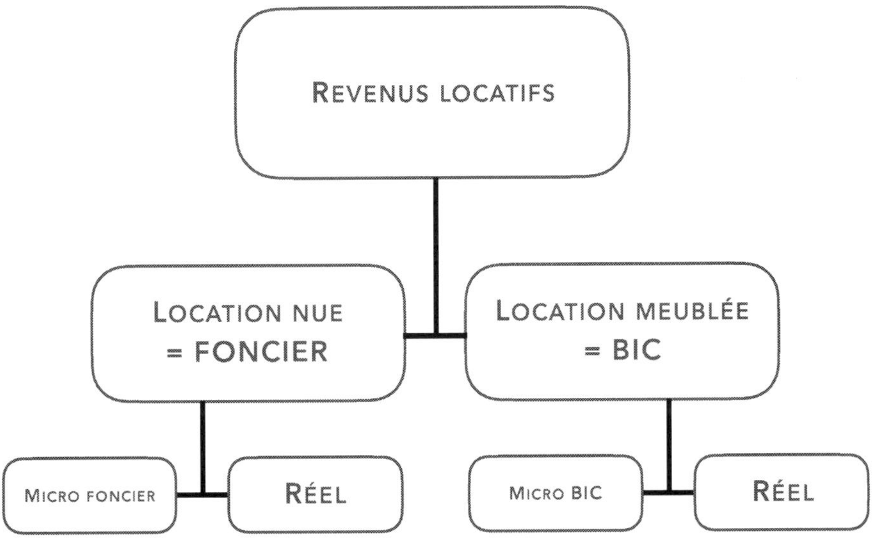

<u>Le régime foncier</u> (location non meublée)

Le régime foncier s'applique à la **location non meublée** (location nue) : je te le présente car, même si ce n'est pas la meilleure stratégie pour débuter dans l'investissement locatif, il est tout de même intéressant de connaître ce régime car peut-être que demain tu diversifieras tes sources de revenus.

Ce régime se décompose en 2 sous régimes, le choix d'opter pour l'un ou l'autre de ces régimes dépend de tes revenus et de tes charges :

- Le **micro foncier** : abattement de 30%. Dans le cadre du micro foncier, l'administration fiscale considère que tes charges correspondent à 30% de tes revenus locatifs : tu ne peux rien déduire d'autre. Il est donc intéressant d'opter pour ce régime dans la mesure où tes charges correspondent en réalité à moins de 30% de tes revenus locatifs.

- Le **déficit foncier réel** : déduction des charges. En optant pour le déficit foncier réel, tu pourras déduire l'ensemble de tes charges (intérêts du crédit immobilier, amortissement du bien, charges de copropriété etc.) sans limite, et celles-ci sont reportables sur 10 ans. Ainsi, si tes charges dépassent tes revenus annuels, tes revenus locatifs ne seront pas imposables.

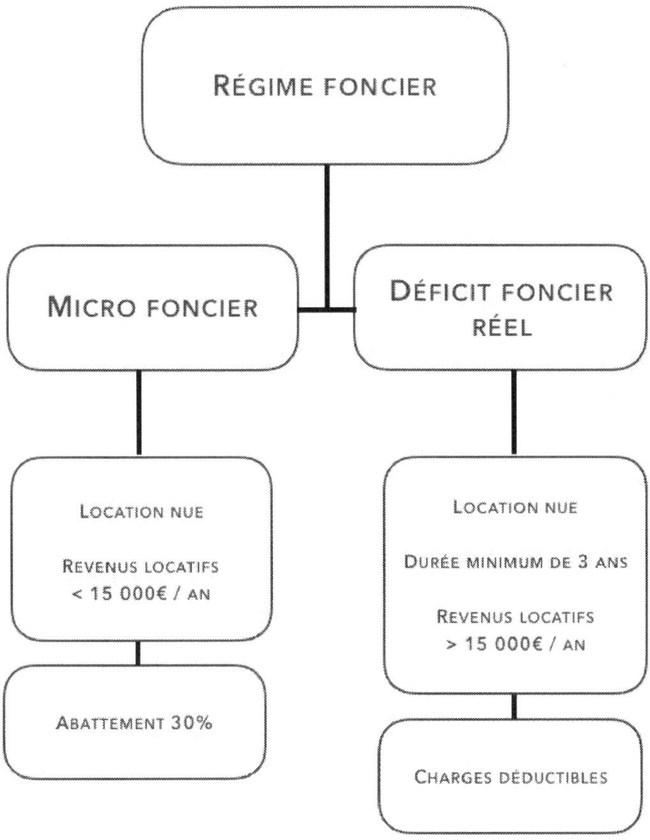

Attention ! Il est possible d'opter pour le déficit foncier réel même si les revenus locatifs ne dépassent pas le plafond des 15 000€. C'est un calcul à faire entre l'abattement correspondant à 30% des revenus et les charges réellement supportées.

Charges déductibles

Les dépenses relatives aux travaux d'entretien, d'amélioration et de réparation du bien (dans la limite de 10 700€/an).
La taxe foncière.
Les frais d'assurance propriétaire non occupant et/ou de garantie des loyers impayés.
Les frais de gestion locative auprès de gérants d'immeubles ou d'administrateurs de biens, ainsi que les commissions versées à une agence de location.
Les intérêts du crédit immobilier et les frais bancaires (frais de dossier, frais d'inscription hypothécaire).
Les primes d'assurances (crédit immobilier, garantie décès-invalidité, perte d'emploi etc).
Les provisions pour charges de copropriété, incluant les frais de conciergerie.
Les frais de procédures en cas de litige avec le locataire.
Les honoraires versés à un tiers pour la rédaction des déclarations fiscales ou pour la tenue de la comptabilité du logement.

Charges non déductibles

Les dépenses relatives aux travaux d'agrandissement du bien.
Les dépenses de réparations locatives qui doivent être supportées par le locataire (même si elles sont prises en charge par le propriétaire).

<u>**LE RÉGIME BIC**</u> (LOCATION MEUBLÉE)

Le régime BIC s'applique à la **location meublée**. Le BIC correspond aux Bénéfices Industriels et Commerciaux de l'imposition sur le revenu. Il se décompose lui-même en 2 sous régimes :

- Le **micro BIC** : abattement de 50% pour la location meublée « classique » (ou 71% pour les meublés de tourisme classés). Tout comme pour le micro foncier, l'administration fiscale considère que tes charges correspondent à 50% (ou 71%) de tes revenus locatifs : tu ne peux rien déduire d'autre. Il est donc intéressant d'opter pour ce régime dans la mesure où tes charges correspondent en réalité à moins de 50% (ou 71%) de tes revenus locatifs perçuss.

- Le **réel** : déduction des charges. Tout comme pour le déficit foncier réel, tu pourras déduire l'ensemble de tes charges (intérêts du crédit immobilier, amortissement du bien, charges de copropriété etc.) sans limite, et celles-ci sont reportables 10 ans. Ainsi, si tes charges dépassent tes revenus annuels, tes revenus locatifs ne seront pas imposables.

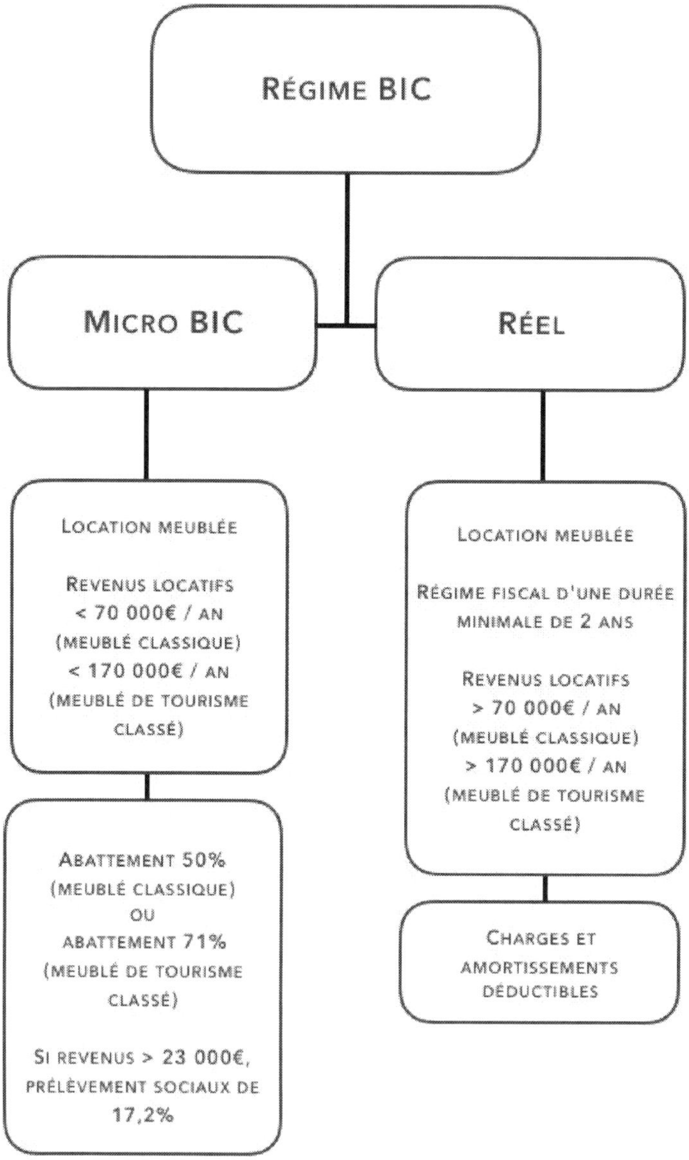
Régime BIC
Micro BIC
Réel
Location meublée
Revenus locatifs < 70 000€ / an (meublé classique) < 170 000€ / an (meublé de tourisme classé)
Location meublée
Régime fiscal d'une durée minimale de 2 ans
Revenus locatifs > 70 000€ / an (meublé classique) > 170 000€ / an (meublé de tourisme classé)
Abattement 50% (meublé classique) ou abattement 71% (meublé de tourisme classé)
Si revenus > 23 000€, prélèvement sociaux de 17,2%
Charges et amortissements déductibles

Attention ! Il est possible d'opter pour le réel même si les revenus locatifs ne dépassent pas le plafond des 70 000€ (ou 170 000€ pour les meublés de tourisme classés). C'est un calcul à faire entre l'abattement correspondant à 50% (ou 71%) des revenus et les charges réellement supportées.

En optant pour le régime réel, il est donc possible de déduire non seulement les charges propres à la gestion de l'activité, mais également l'amortissement du bien.

DÉDUCTION DES CHARGES

« Contrairement aux règles applicables aux revenus fonciers, les charges déductibles ne font l'objet d'aucune liste indicative mais doivent répondre aux conditions générales de déduction des charges en BIC. Elles doivent :

- *être exposées dans l'intérêt direct de l'exploitation ou se rattacher à la gestion normale de l'entreprise ;*
- *correspondre à une charge effective et être appuyées de justifications suffisantes ;*
- *être comprises dans les charges de l'exercice au cours duquel elles ont été engagées. »*[6]

[6] https://www.impots.gouv.fr/portail/particulier/les-regimes-dimposition

DÉDUCTION DES AMORTISSEMENTS

« Le loueur en meublé imposé d'après un régime réel peut également déduire l'amortissement du prix d'achat des biens (meubles et immeubles) à la condition que ceux-ci soient inscrits à l'actif de son bilan : on parle d'actif immobilisé.

Comptablement, l'amortissement correspond en principe à la prise en compte de la perte de valeur d'un bien du fait du temps et de son usage, constatée chaque année.

Mais, fiscalement, pour les locations meublées, la déduction de l'amortissement est limitée. La quote-part d'amortissement déductible ne peut pas dépasser le montant égal à la différence entre le total des loyers et les autres charges payées dans l'intérêt de l'activité de location meublée. Cela signifie que les amortissements ne peuvent pas générer de déficit.

***Attention :** seuls les amortissements constatés en comptabilité sont déductibles fiscalement, à condition qu'ils répondent aux conditions générales de déduction des charges. »*[7]

[7] https://www.impots.gouv.fr/portail/particulier/les-regimes-dimposition

LOCATION MEUBLÉE : PROFESSIONNELLE OU NON ?

Il existe deux statuts pour la location en meublé : le statut de **loueur en meublé professionnel** (LMP) et le statut de **loueur en meublé non professionnel** (LMNP). La principale différence entre ces deux statuts réside dans le montant des revenus générés par l'activité commerciale : cela ne change pas le régime d'imposition.

Le statut LMNP s'acquiert automatiquement lorsque le contribuable déclare des revenus locatifs en nom propre, issus d'une location meublée. Il bascule dans le statut LMP dès lors qu'il remplit **2 critères cumulatifs** :

- Revenus locatifs > 23 000€ TTC / an
- Revenus locatifs > 50% des revenus pro. du foyer fiscal

Parce qu'un schéma vaut mille mots, voici les différences principales entre ces 2 statuts.

	LMP	LMNP
Conditions	• Revenus locatifs > 23 000€ TTC / an • Revenus locatifs > 50% des revenus professionnels du foyer fiscal Immatriculation au RCS d'un membre du foyer fiscal.	Les revenus issus de la location meublée ne doivent pas remplir au moins 1 des 2 critères précédemment énoncés. Pas d'immatriculation au RCS.
Catégorie d'imposition à l'IR	Régime BIC	
Déficit	Imputable sur le revenu global	Imputable sur les revenus issus de la location meublée uniquement
Amortissement	Amortissement possible sous le régime réel	

Le choix du statut s'impose à toi, car il dépend de critères objectifs. En débutant dans l'immobilier locatif, il est fort probable que tu ne remplisses pas les critères du statut LMP : il ne tient alors qu'à toi de faire grandir ton patrimoine et tes revenus locatifs pour bénéficier de ce statut.

La Société Civile Immobilière

Avant de t'expliquer l'intérêt ou non de constituer une **société civile immobilière** (SCI), une petite précision s'impose. Il s'agit d'une forme juridique de société, regroupant nécessairement plusieurs personnes, et qui se distingue des sociétés commerciales par son objet civil : l'investissement immobilier.

Si j'aborde le sujet, c'est parce qu'au cours de ton cheminement d'investisseur immobilier, tu seras amené à développer et enrichir ton patrimoine : peut-être - et très certainement ! - possèderas-tu plusieurs biens que tu ne géreras pas tout seul.

C'est tout l'intérêt de la SCI : nécessairement constituée d'au moins deux associés, elle te permet d'investir avec ton ou ta conjointe, un ou plusieurs membres de ta famille ou amis, d'autres investisseurs etc. Tu peux déjà y voir un avantage : ton potentiel d'investissement est d'autant plus important qu'il n'y a d'associés.

Sans rentrer dans les détails, il est tout de même intéressant de regarder les avantages et les inconvénients de constituer une SCI.

Fiscalité de la SCI

La SCI et sa fiscalité n'est pas l'objet de ce livre : si tu souhaites constituer une SCI, je te conseille de t'orienter vers des ouvrages spécialisés, tel que *SCI, pour bien gérer son patrimoine* de Pascal Dénis (2016).

- **SCI à l'IR** (imposition sur le revenu) : chaque associé déclare les bénéfices perçus à concurrence de ses parts dans la société ;

- **SCI à l'IS** (imposition sur les sociétés) : la société déclare ses bénéfices en nom propre.

Avantages

La SCI permet d'éviter l'indivision. L'indivision est la situation dans laquelle plusieurs personnes sont propriétaires ensemble d'un même bien (ce qui peut poser des difficultés de gestion). Dans le cas de la SCI, c'est bien la société qui est propriétaire des biens dans lesquels elle investit, et non chaque associé à concurrence de son apport (chaque associé détient des parts de la SCI, pas des biens immobiliers).

La SCI permet une transmission facilitée du patrimoine : dans le cadre d'une succession, les parts peuvent être cédées aux enfants de l'associé décédé sans être taxé.

La SCI permet par ailleurs de séparer les pouvoirs de décision au sein de la SCI de la détention de parts dans la société. Ainsi, il est possible de léguer ses parts à ses enfants tout en conservant les pouvoirs décisionnels au sein de la société.

Inconvéients

La SCI suppose une gestion plus complexe que le statut de LMNP ou LMP, dans la mesure où il s'agit d'administrer une société, qu'il faut l'enregistrer au Registre du Commerce et des Sociétés (RCS), et qu'il faut nécessairement faire appel à un comptable.

La fiscalité de la SCI est plus complexe.

Ce qu'il faut retenir

Comme tu as pu le constater, non seulement la **location meublée en courte durée** comporte plus d'avantages que la location en nu, mais cela est d'autant plus vrai sur le volet fiscal. Pour rappel, le régime BIC se décompose comme suit :

- Le **micro BIC** : abattement de 50% à 71% selon que ton bien est classé en meublé de tourisme ou non.

- Le **réel** : déduction des charges et amortissements.

J'attire toute ton attention sur ces prochaines lignes. Il est primordial d'**ACQUÉRIR UN BIEN AVEC TRAVAUX**. J'évoquerai plus tard dans le livre tous les autres avantages que cela suppose, mais si tu as bien suivi, tu comprends déjà que cela est très important sur le plan fiscal. Étant donné que tu peux déduire le montant des travaux nécessaires à ton activité locative, plus le montant des travaux est important, plus les charges déductibles seront importantes. Il est donc préférable d'opter pour le **régime BIC au réel**.

ÉTAPE 3
L'ÉTUDE DE MARCHÉ

Avant développer les différentes phases de l'étude de marché, je tiens à te mettre en garde. S'il te plait, ne néglige pas cette étape importante : ne te précipite pas, ne sois pas pressé d'investir, ne fonce pas tête baissée sur le premier bien trouvé. L'euphorie et l'envie d'investir peuvent altérer ton discernement et te faire acheter un bien qui n'est peut-être - et certainement - pas le plus rentable, crois-en mon expérience.

Beaucoup de biens te feront de l'oeil par leur prix, leur géolocalisation, leur cachet... mais ne te précipite pas. Rappelle-toi que tu achètes pour ton avenir, pour ton indépendance, pas pour vivre dans le bien. Il n'est pas question ici de coup de cœur ou de sentiments : tu dois trouver un bien rentable, c'est tout.

Capacité d'emprunt

La toute première étape avant de te lancer dans une étude de marché et la recherche d'un bien est de connaître ta capacité d'emprunt : il est bien évident que ta recherche sera différente selon que tu puisses emprunter 110 000, 280 000 ou 350 000€. Pour cela, plusieurs options s'offrent à toi :

- **Aller voir ton banquier** : en étudiant tes revenus et des charges, et en ayant une parfaite connaissance des taux d'emprunt pratiqués, il pourra estimer une mensualité et donc une capacité totale d'emprunt. Bien sûr, cette enveloppe n'est pas définitive, car la rentabilité du bien sera prise en compte dans le calcul de ton crédit. Toutefois, cela te donne un ordre d'idée. Cette option te permet également de préparer le terrain pour les négociations futures de ton crédit.

- **Aller voir le courtier** : il opèrera les mêmes calculs que le banquier.

- **Se référer à des simulateurs en ligne**, tels que le simulateur du Crédit Agricole, celui de Meilleur Taux et bien d'autres.

La géolocalisation

Tout d'abord, pose-toi cette question : où veux-tu investir ? Il est tout à fait possible d'acheter loin de chez soi, car en fin de compte, ton objectif est que ce bien se gère de façon autonome (en mettant en place tout un système d'exploitation que je vais t'expliquer plus en détails dans les prochaines pages).

Pour autant, et surtout dans le cas d'un premier achat, je te conseille d'investir près de chez toi, car cela présente un certains nombre d'avantages :

- De par la proximité avec ton lieu de vie, la recherche et les visites des biens seront plus faciles. Il est d'ailleurs très probable que tu connaisses très bien le secteur : les quartiers à éviter, les quartiers attractifs, les points d'intérêts, etc.

- La gestion du bien sera plus simple en étant proche, car tu peux facilement te rendre disponible : cela t'évitera du stress dans les débuts de ta vie d'investisseur.

- Au fur et à mesure, tu vas te constituer un réseau de professionnels de proximité (agents immobiliers, artisans, entreprise de nettoyage, etc.) ce qui te permettra d'avoir de meilleures opportunités par le bouche à oreilles, de négocier plus facilement les prix etc.

La question est ensuite de savoir si ta ville se prête à la location courte durée. Et ne vas pas te fier aux touristes que tu croises dans les rues de ta ville ou bien à ton cœur qui te dit que c'est le meilleur endroit sur Terre ! Pour vérifier la demande saisonnière, renseigne-toi tout simplement sur internet et plus précisément sur 3 sites : Airbnb, Wikipédia, AirDNA.

Sur **Airbnb**, fais une recherche sur ta ville de prédilection et regarde combien de logements mis à disposition. S'il y en a plus de 300-400, alors tu sais qu'il y a un marché saisonnier. Ensuite il faut regarder quel type de bien est le plus demandé (studio, 2 pièces, 3 pièces ?) et quels quartiers sont les plus prisés. Cela te permettra de cibler tes recherches et de ne pas investir dans un bien qui ne répond pas à la demande.

Ne fais pas l'erreur de penser que plus il y a de biens proposés, plus le marché est saturé. Au contraire ! Cela montre que la demande est forte : il te faut simplement proposer un bien qui sorte du lot, un bien au design et à la décoration attrayants.

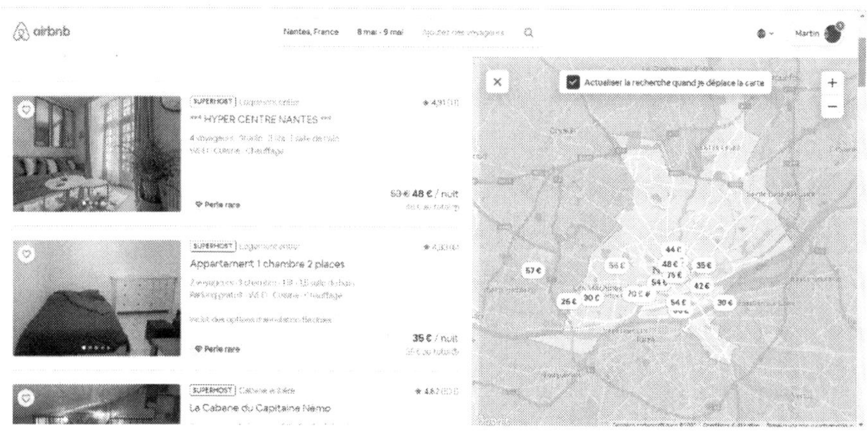

Tu vas continuer à vérifier avec **Wikipédia** l'évolution démographique de ta ville. Tu pourra aussi vérifier le ratio maisons/appartements, ainsi que le taux de locataires.

Wikipédia va t'aider à lister tous les centres d'intérêts de ta ville comme les sites touristiques, les quartiers historiques, les musées, etc. Il ne faut pas oublier les événements ponctuels (concerts, événements sportifs, salons...) que peut accueillir ta ville et qui génèrent des flux touristiques importants.

Il ne faut pas non plus négliger une autre clientèle de passage, qui ne se déplace pas pour le tourisme. Je pense aux étudiants, aux formateurs, aux commerciaux, aux employés saisonniers etc. Il faut donc vérifier la présence d'écoles, de grosses entreprises, de lieux de formation.

Il est également important de s'intéresser au réseau de transports de ta ville : transports en communs, gares, ports et aéroports. Il est très appréciable pour tes clients d'emprunter les transports en commun pour se déplacer dans ta ville. Par ailleurs, si ta ville est peu touristique, elle connait peut-être de grands flux aériens (escales par exemple) : les voyageurs seront alors ravis de pouvoir trouver un toit entre deux vols.

Termine par le site **AirDNA** qui est, selon moi, une mine d'or ! Il te permet d'avoir une multitude de données chiffrées concernant Airbnb et ce, sur n'importe quelle ville. Tu vas avoir accès, entre autres, au nombre de logements mis à disposition sur Airbnb, le type de logements, le taux d'occupation mensuel (le nombre moyen de nuits réservées), le prix moyen par nuitée, les revenus moyens par mois, etc.

Mais ce site a ses limites, car il ne fait que des moyennes sur l'ensemble des biens répertoriés, les taux d'occupation, le prix des nuitées... Ces données ne sont donc à prendre qu'à titre d'exemple, pour vérifier le bon état du marché. Par ailleurs, le site est payant (39,95$ / mois) : la version gratuite offre une vision limitée - mais toutefois suffisante - des données Airbnb de ta ville.

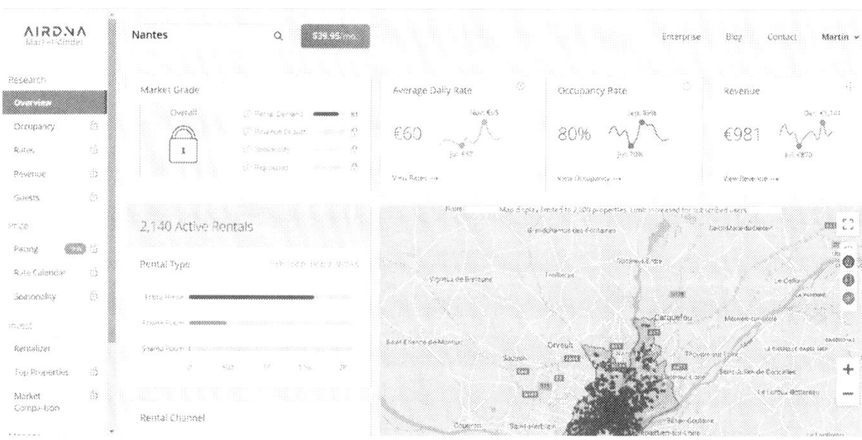

CLIENTÈLE CIBLE ET TYPE DE BIEN

LES ÉTUDIANTS

Dans l'hypothèse où tu aurais opté pour une stratégie mixte entre la location meublée à l'année et la location courte durée, par exemple en proposant ton bien sur l'année scolaire (bail de 9 mois, de mi-septembre à mi-juin) et en location saisonnière l'été, il est pertinent de t'intéresser aux étudiants. Ce sont pratiquement les seuls à qui le bail 9 mois convient et ils sont en général de bons locataires. Ils disposent en effet de garanties solides : leurs parents. Cette stratégie t'assure des revenus constants 9 mois sur 12, tout en te permettant de booster tes revenus sur l'été.

En optant pour cette stratégie, tu peux tout aussi bien investir dans un studio ou un T2 (étudiant seul et voyageurs en couple) que dans un T3, T4 ou plus (colocations et voyageurs en famille).

Par ailleurs, les étudiants peuvent être amenés à changer de ville pour accomplir un stage sur une période courte : dans ce cas précis, ils ne recherchent pas un bail « classique ». La location en courte durée est donc idéale pour répondre à leur besoin.

Les jeunes actifs

Les jeunes actifs se rapprochent des étudiants dans le sens où ils vont rechercher les mêmes types de biens. Ils sont soit seuls, soit en couple et recherchent des lieux cocooning, atypiques, où ils vont pouvoir s'évader le temps de quelques jours. Il faudra donc leur proposer des services de qualité avec des prestations inédites (par exemple un sauna, un jacuzzi) tout en étant près du centre-ville et/ou des lignes de transport.

Le type de bien approprié à cette clientèle peut-être tout à la fois un studio, un T2 ou un T3 (si plusieurs couples).

Les travailleurs saisonniers

Les travailleurs saisonniers, formateurs, commerciaux, artisans, professionnels du BTP... peuvent être amenés à s'éloigner temporairement de leur domicile pour le travail.

C'est une cible à ne pas négliger, car ils sont nombreux et beaucoup moins exigeants que les touristes. Ils sont à la cherche d'un bien près de leur travail, facile d'accès et propre, mais ne vont pas chercher quelque chose d'exceptionnel, avec des prestations qui sortent de l'ordinaire. De plus, ils ne passent pas beaucoup de temps dans le logement, ce qui facilite le ménage et évite l'usure prématurée du mobilier par exemple.

En ce qui concerne le type de logement, cela va dépendre si la personne travaille seule ou avec plusieurs collègues. Ainsi, tant le studio que les T2 ou T3 sont adaptés.

LES FAMILLES

Parce qu'elles sont plus nombreuses, il faut leur proposer un bien adapté de type T3, T4 ou T5, ce qui ne présente pas que des avantages.

Investir dans de tels biens, c'est s'exposer à la concurrence des familles qui souhaitent investir pour y vivre. Ils vont, eux, réfléchir au coup de cœur, à l'affect et pas forcément à la rentabilité. Cela a pour conséquence de gonfler les prix.

En revanche, un bien de type T4, T5 reste intéressant, car il y a moins de concurrence sur le marché de la LCD. Cela fonctionne particulièrement bien sur les régions côtières et les stations de ski, mais un peu moins le reste de l'année. C'est pour quoi je ne te recommande pas d'investir dans ce type de biens pour te lancer dans l'investissement locatif.

LE MARCHÉ

Je vais maintenant t'apprendre à étudier le marché de ta ville afin d'avoir une vision globale des prix à l'instant T : cela est primordial pour trouver des biens rentables.

Je mets à ta disposition via Dropbox tous les documents types dont tu verras des extraits dans le livre (étude de marché, tableau de rentabilité, dossier bancaire...), afin que tu puisses t'en inspirer, et gagner en temps et en crédibilité face aux banquiers.

Commence d'abord par créer une carte de ta ville, en délimitant les différents quartiers en fonction de leur attractivité. En voici un exemple avec la ville de Nantes.

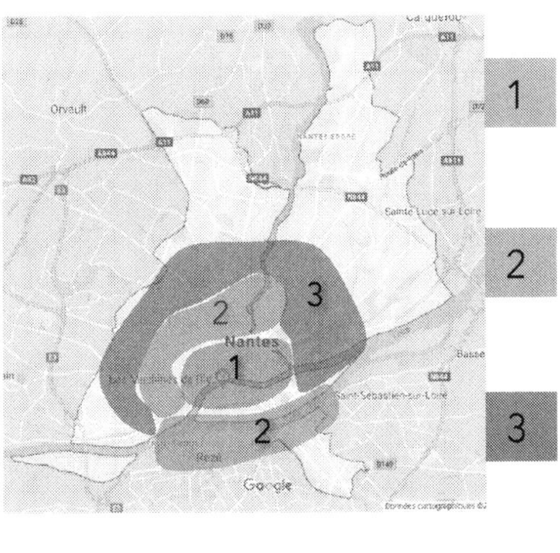

Secteur très attractif (centre-ville historique, commerces, musées etc., très bien desservi par les transports en commun)

Secteur attractif (quartiers résidentiels, commerces, écoles etc., bien desservi par les transports en commun)

Secteur peu attractif (quartiers résidentiels et banlieues, moyennement desservi par les transports en communs)

Recherche ensuite tous les biens à la vente correspondant à tes critères sur le site internet leboncoin.fr : à ce jour, c'est le premier site en France en termes d'annonces immobilières. Il regroupe l'ensemble des biens à vendre par les particuliers et les professionnels du métier.

Liste une trentaine de biens susceptibles de t'intéresser dans un tableau Excel, et renseignes leurs caractéristiques : prix (hors frais de notaire et d'agence), surface, prix au m^2 et date à laquelle tu as vu l'annonce.

C'est le meilleur moyen d'établir une moyenne du prix au m^2 par secteur au moment où tu souhaites investir, car, tu t'en rendras vite compte, les prix évoluent rapidement. Ce fichier Excel te sera utile pour appuyer ta démarche auprès des banques.

La recherche de biens

La recherche de biens est très similaire à l'étude de marché, à la différence que tu vas pouvoir élargir ton champ de recherche. Voici les différentes techniques te permettant de rechercher un bon investissement.

Les annonces immobilières

Il faut étendre tes recherches à d'autres sites d'annonces immobilières que Leboncoin, comme par exemple Seloger, PaP etc. Les notaires publient également des annonces sur leur site, qui ne paraissent pas nécessairement sur Leboncoin ou Seloger : fais-y un tour régulièrement, tu pourrais y dénicher la perle rare.

Tu peux également te servir d'outils comme Castorus[8] : il va te donner des informations très utiles sur l'historique d'une annonce immobilière (date de publication, évolution du prix en temps réel, éventuelles modifications du contenu...), ce qui peut te donner des clés pour la négociation.

Par ailleurs, les annonces des agences immobilières apparaissent en priorité sur leur propre site, pas seulement sur les sites d'annonces : ainsi, en parcourant leurs vitrines web, cela te permettra en quelque sorte d'être mis au courant des nouveaux biens sur le marché avant les autres. Et tu dois regarder ces sites tous les jours, plusieurs fois par jour afin d'être le plus réactif possible !

---

[8] https://www.castorus.com/

LES AGENTS IMMOBILIERS ET LE RÉSEAU

Au-delà des recherches via Internet, il est primordial d'aller régulièrement à la rencontre des agents immobiliers sur le terrain afin de te faire « remarquer » et faire connaître tes projets d'investissement. Il est important de constituer et de distribuer aux professionnels de l'immobilier un fichier type qui se rapproche d'un CV (disponible en téléchargement Dropbox). Ce document regroupe tous tes critères de recherche ainsi qu'une photo de toi et tes coordonnées. La photo va permettre de mettre un visage sur ton nom afin que les agents immobiliers ne t'oublient pas, et même mieux : qu'ils se souviennent de toi. Ils te rappelleront en priorité s'ils enregistrent des biens dans tes critères de recherche, car ils ne t'auront pas oublié, crois-moi ! Si tu n'as pas de nouvelles, n'hésites pas à les rappeler un à un chaque semaine.

Pense à tout simplement faire le tour des quartiers qui t'intéressent, munis-toi de flyers expliquant ta recherche que tu déposes dans les boîtes aux lettres, afin d'être au plus proche du marché : on ne sait jamais, tu pourrais tomber sur la bonne personne, la bonne affaire.

Ton réseau est aussi une très bonne manière de trouver le graal, et pour ça tu me diras il faut en avoir un ! Certes... Mais ça vient au gré de tes rencontres et de tes échanges. Alors il ne faut pas hésiter à donner ton numéro de téléphone et/ou ton adresse mail et préciser tes critères de recherche à tous tes interlocuteurs.

LES ENCHÈRES IMMOBILIÈRES

Les enchères immobilières peuvent être un bon moyen de trouver des trésors. Les biens sont proposés à la vente sur un circuit court : les visites sont généralement programmées 10 à 15 jours avant les enchères.

Le processus d'enchères est inversé : tu ne négocies pas à la baisse avec le vendeur, les enchères montent au fur et à mesure que la vente progresse. Il te faut donc impérativement te fixer un plafond, au-dessus duquel tu abandonneras les enchères.

Par ailleurs, il est primordial de t'assurer de ta solvabilité avant de faire l'enchère, au risque de devoir t'acquitter d'un chèque de consignation correspondant à un certain pourcentage de la vente, dans le cas où les banques ne te suivraient pas.

Les rubriques nécrologiques

Si tu as - beaucoup - de culot, tu peux parcourir les rubriques nécrologiques dans le journal. Cela peut paraître indécent au regard de la délicatesse de la situation, mais après le décès d'un proche, il arrive très souvent d'avoir des complications financières concernant la succession. Dans certaines circonstances, le bien immobilier du défunt est un fardeau. En prenant contact avec les familles endeuillées, et en proposant te positionner sur le bien, cela pourrait les soulager et te permettre une belle marge de négociation. Les opportunités sont incroyables, car les biens ne sont même pas encore sur le marché. Mais, encore une fois, il faut un sacré culot...

Lorsque tu as trouvé un bien qui correspond à tes critères, fais un tour sur la rubrique Patrim[9] du Service Public. Tu y retrouveras toutes les dernières ventes officielles qui se sont faites dans le secteur que tu auras sélectionné, ainsi que le prix de vente des biens, le prix au m², la surface etc. C'est un outil indispensable pour comparer l'annonce que tu as trouvée à la réalité du marché.

[9] https://www.service-public.fr/particuliers/vosdroits/R34630

La rentabilité

Le critère le plus important dans ta recherche de bien, c'est sa **rentabilité**, le but étant que le bien te génère un *cash flow* important pour t'assurer des revenus.

Bien que l'idée soit d'exploiter le bien en location courte durée, ne commence pas par calculer sa rentabilité sur ce modèle. Opte pour une stratégie de location moyenne à longue durée et estime le montant des loyers : c'est ce qu'on appelle la **valeur locative**.

- En cas d'imprévu nécessitant de mettre ton appartement en location longue durée (ex : une crise sanitaire telle que le Covid19, un arrêté municipal limitant le nombre de nuitées annuelles dans ta ville...), tu t'assures une certaine rentabilité. Si tu ne vérifies pas la rentabilité en longue durée, il pourrait te coûter de l'argent au lieu de t'en rapporter.

Mensualité de crédit ≤ Valeur locative

- Si le bien est rentable en location longue durée, et donc qu'il s'auto-finance (le loyer suffit à couvrir la mensualité de crédit), tu peux être sûr et certain que sa rentabilité sera bien plus importante en LCD. Cela te permet d'être bien plus serein pour la suite.

J'y reviendrai plus tard, mais cet élément est à prendre en compte dans le dossier bancaire : cela appuiera ta crédibilité et la solidité de ton projet face au banquier.

Pour simplifier les calculs de rentabilité, tu peux soit t'adresser à l'agence immobilière qui estimera la valeur locative de ton bien en fonction du secteur, soit faire appel au site www.rendementlocatif.com. Pour que le site soit le plus précis possible dans ses calculs, il est impératifs de te munir d'un maximum d'informations sur le bien et ton projet d'investissement : valeur locative, montant des travaux, durée du crédit envisagée etc.

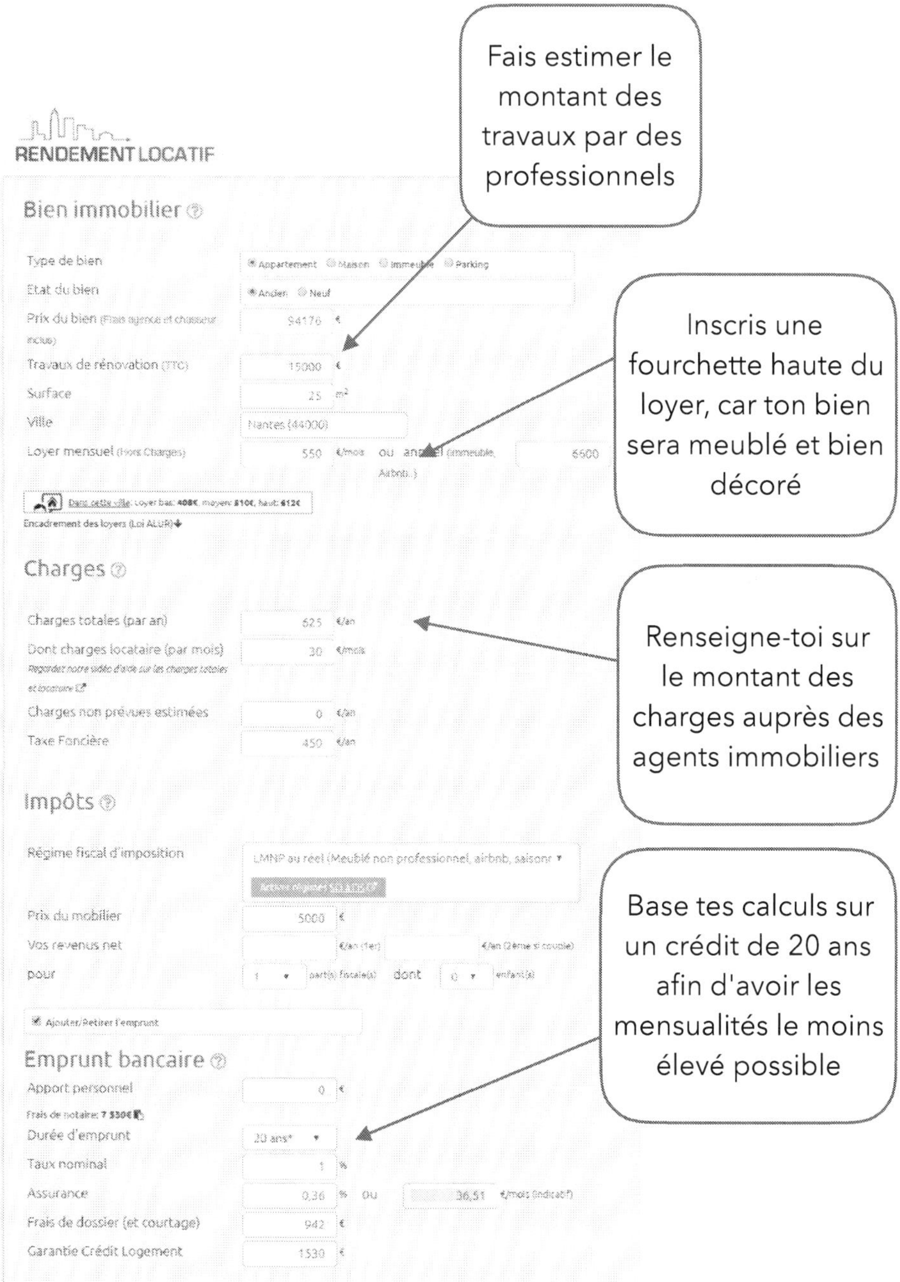
Fais estimer le montant des travaux par des professionnels
Inscris une fourchette haute du loyer, car ton bien sera meublé et bien décoré
Renseigne-toi sur le montant des charges auprès des agents immobiliers
Base tes calculs sur un crédit de 20 ans afin d'avoir les mensualités le moins élevé possible
RENDEMENT LOCATIF
Bien immobilier
Type de bien
Appartement Maison Immeuble Parking
Etat du bien
Ancien Neuf
Prix du bien
94176 €
Travaux de rénovation (TTC)
15000 €
Surface
25 m²
Ville
Nantes (44000)
Loyer mensuel (hors Charges)
550 €/mois ou annuel
6600
Encadrement des loyers (Loi ALUR)
Charges
Charges totales (par an)
625 €/an
Dont charges locataire (par mois)
30 €/mois
Charges non prévues estimées
0 €/an
Taxe Foncière
450 €/an
Impôts
Régime fiscal d'imposition
LMNP au réel (Meublé non professionnel, airbnb, saisonr
Prix du mobilier
5000 €
Vos revenus net
€/an (1er)
€/an (2ème si couple)
pour
1 part(s) fiscale(s) dont 0 enfant(s)
Ajouter/Retirer l'emprunt
Emprunt bancaire
Apport personnel
0 €
Durée d'emprunt
20 ans*
Taux nominal
1 %
Assurance
0,36 % ou 36,51 €/mois (indicatif)
Frais de dossier (et courtage)
942 €
Garantie Crédit Logement
1530 €

Cela te donnera donc une idée approximative du revenu net que tu pourras dégager avec une stratégie de location à l'année. Mais, tu le sais maintenant, en LCD tes revenus seront bien plus conséquents. J'ai créé un fichier Excel qui regroupe les différents éléments à prendre en compte : il te suffit de le remplir pour connaitre tes revenus prévisionnels (disponible en téléchargement Dropbox).

PRÉVISONNEL		
CHARGES FIXES		
	Crédit	€ 595,00
	Charges copro	€ 35,00
	Électricité	€ 50,00
	Taxe foncière	€ 45,00
	Internet	€ 15,00
	Produits entretien	€ 20,00
	Beds24	€ 20,00
	Assurance PNO	€ 15,00
TOTAL / mois		**€ 795,00**
Prix nuitée HT		**€ 55,00**
CHARGES VARIABLES		
	Ménage	€ 20,00
	Linge	€ 7,00
TOTAL / réservation		**€ 27,00**

Rentabilité	
Nombre de nuitées	0
Bénéfice	-€ 795,00
Nombre de nuitées	14
Bénéfice	-€ 25,00
Nombre de nuitées	20
Bénéfice	€ 305,00
Nombre de nuitées	30
Bénéfice	€ 855,00

PRODUITS D'ENTRETIEN

Ce sont les produits ménagers qui vont être utilisés par ton prestataire de ménage : éponges, chiffons, sacs poubelle, produits pour le sol, pour les vitres, pour la salle d'eau, pour la cuisine, produit vaisselle etc. En règle générale, c'est à toi de lui fournir : il faut donc compter environ 20€/mois.

BEDS24

Il s'agit d'une plateforme te permettant d'automatiser la gestion de ton bien et de synchroniser les réservations entre les différents sites (Airbnb, Booking etc.). Je l'évoque plus en détails dans l'automatisation de ton activité.

Il faut compter environ 15-20€/mois pour la gestion d'un bien, tout en sachant que l'abonnement varie en fonction du nombre de biens et du nombre de sites de réservation à gérer.

ASSURANCE

En tant que propriétaire, tu dois faire assurer ton bien contre les dommages qu'il pourrait subir (incendie, inondation, dégradation...). Cette assurance est obligatoire, quand bien même tu n'habites pas les lieux : tu es ce qu'on appelle un **propriétaire non occupant** (PNO).

Fais le tour des assureurs, compare les prix et les garanties, mais sache qu'il est préférable de s'assurer en tous risques car tu es mieux indemnisé en cas de sinistre. Cela te coûtera en moyenne aux alentours des 15€/mois (tous risques).

Charges variables

Il s'agit des prestations de ménage et de blanchisserie (linge) : elles varient en fonction des prestataires, du type de bien, de sa surface et sont propres à chaque réservation. Il faut compter environ 30€/réservation.

Ces frais sont supportés par le voyageur à chaque réservation : c'est une ligne de facturation à part. C'est la raison pour laquelle ces charges ne rentrent pas en compte dans le calcul de rentabilité.

Prix de la nuitée HT

Pour connaitre le prix de la nuit que tu pourras proposer, parcours tout simplement les sites de réservations (Airbnb, Booking etc) en recherchant le même type de biens que le tien (surface et prestation) se trouvant dans le même quartier. Compare les prix et fixe le tien en établissant une moyenne.

Rentabilité prévisionnelle

Pour calculer ta rentabilité prévisionnelle, il faut faire un calcul entre tes charges fixes, le nombre de réservations et le prix unitaire de chaque réservation. Tes charges fixes s'imputent de la même façon selon que tu as 2, 10 ou 25 réservations dans le mois.

Ce qu'il faut bien comprendre, c'est que le montant de tes charges fixes (mensualité de crédit, charges de copro, électricité etc.) ne dépendent pas du nombre de nuitées réservées : elles représentent un montant fixe qui sera couvert par X nuitées. Autrement dit, il y a un **seuil de rentabilité** à déterminer : c'est le nombre de réservations à partir duquel l'ensemble de tes charges sont payées et que le *cash flow* généré est net dans ta poche.

Visite des biens

Il est enfin temps de passer aux choses concrètes et d'aller visiter les biens que tu as repérés ! Mais je t'arrête tout de suite pour que tu ne fasses pas la même erreur que 95% des personnes font lorsqu'elles visitent pour la première fois.

Ne te laisse pas influencer par ton affect !

Il faut que tu gardes à l'esprit ton objectif et que tu ne regardes les biens que d'un **œil d'investisseur**. Au début de tes visites, cela peut paraitre difficile : tu auras l'impression que tous les biens sont de bonnes affaires avec du potentiel et de la rentabilité. Mais calme tes ardeurs, car c'est à ce moment que la plupart font des erreurs et achètent des biens « coup de cœur » qui, finalement, ne se veulent pas du tout rentables.

Je te conseille de visiter le plus de biens possible pour te familiariser avec cette étape qui peut, je le sais, être difficile et intimidante au début. Plus tu vas visiter de logements, plus tu vas être à l'aise et à l'affut des détails, des prix et plus tu vas avoir matière à discuter avec les agents immobiliers.

En ce qui concerne la visite en elle-même, prends avec toi la fiche des postes de vérification (disponible en téléchargement Dropbox) afin de ne négliger aucun détail. Il est vite arrivé de discuter avec l'agent immobilier ou le propriétaire, de se laisser distraire et de ne pas voir un gros défaut comme une fissure, un dégât des eaux etc. Voici quelques règles d'or pour réussir ta visite :

- **Arrive en avance** afin de faire un tour du quartier si tu ne le connais pas. Cela va te permettre de te rendre compte des points d'intérêt en lien direct avec le logement comme des commerces, des écoles etc., mais aussi de choses moins appréciables comme une barre d'immeuble juste en face, du bruit ou des odeurs incommodantes par exemple.

- **Vérifie la façade du bien** : vérifie qu'il n'y a pas de fissures apparentes, qu'elle est propre et ne nécessite pas de ravalement, que les volets et la porte d'entrée sont en bon état, etc. Cela ne doit pas être un frein pour toi - selon l'état du bien, bien entendu ! -, mais des cartes à abattre pour la négociation.

- **Inspecte les parties communes** : avant d'entrer dans l'appartement, regarde bien l'état des parties communes, si elles sont sales, délabrées, malodorantes. Pense aussi à tendre l'oreille : si tu entends les voisins comme si tu étais dans leur appartement, c'est que l'isolation n'est pas de bonne qualité, ce qui sera un frein à ton activité de location courte durée.

○ **Passe le bien au peigne fin** : il faut être attentif à tout. Regarde l'état des murs, sols et plafonds pour voir s'il n'y a pas de fissures ou de taches suspectes qui pourraient être liées à une fuite d'eau par exemple. Est-ce qu'il faut repeindre ? Est-ce qu'il faut refaire le sol ? Regarde l'état des huisseries, est-ce qu'elles sont en double vitrage ou simple vitrage (cela va considérablement changer le prix des factures de chauffage) ? Est-ce qu'elles sont à changer ? Vérifie l'électricité en regardant le compteur, en vérifiant les prises et en posant des questions soit au propriétaire soit à l'agent immobilier.

○ **Pose des questions concernant les charges** : tu dois avoir tous les éléments nécessaires au calcul de ta rentabilité. Le mode de chauffage et de production d'eau chaude, le montant des charges de copropriété et des factures d'énergie, la surface exacte du logement, le montant de la taxe foncière... Demande les derniers comptes rendus de l'assemble générale de la copropriété : cela va te permettre de savoir s'il y a des procédures en cours qui te coûteraient de l'argent et/ou des travaux qui ont été votés.

○ **Renseigne-toi sur l'usage du bien** : cette question t'évitera des déconvenues. Il est impératif de te renseigner sur le règlement de copropriété, dans lequel il peut être mentionné l'interdiction des locations en courte durée. Assure-toi que la destination du bien ne soit pas limitée à un **usage bourgeois exclusif** : lis bien le règlement et appelle le gestionnaire de syndic pour t'assurer de pouvoir exercer ton activité de location courte durée.

○ **Fais une contre-visite** : il est important que tu vois le bien une seconde fois, dans des conditions différentes. Un autre moment de la journée (si tu as visité le matin, reviens visiter un après-midi) et dans d'autres conditions météo si cela est possible (si tu as vu le bien sous un grand soleil, assure-toi qu'il soit également lumineux sous la grisaille).
Cela te permettra non seulement d'évaluer l'aspect esthétique du bien dans différentes conditions, mais également le bruit auquel il est exposé à différents moments de la journée : il est bien évident que tu si le visites à l'heure de pointe, ce sera très différent. Cela te permet également de réfléchir entre les visites, de ne pas agir au coup de cœur mais bien sur des critères objectifs.

○ **Fais-toi accompagner d'un artisan** : lors de la contrevisite, il est primordial de te faire accompagner d'un artisan, afin de chiffrer le montant des travaux. Cela te sera très utile pour la suite, lors de la négociation.

ÉTAPE 4
LA NÉGOCIATION

Pourquoi doit-on négocier le prix d'un bien immobilier alors que celui-ci a été calculé au préalable selon tous les critères du marché et les autres biens semblables ?

Et bien détrompe-toi : la plupart des logements sur le marché sont surévalués par leurs propriétaires. L'affect joue aussi un rôle lors de leur prise de décision concernant le prix de vente : il s'agit de leur bien, qu'ils ont probablement rénové à leurs goûts, et qui est donc nécessairement parfait selon eux. Cela justifie à leurs yeux un prix élevé, peut-être même au-dessus du marché.

Mais beaucoup déchantent et ont du mal à vendre aussi rapidement qu'ils l'auraient souhaité : c'est à ce moment-là que la négociation peut commencer. Retiens qu'une affaire moyenne peut se transformer en une excellente affaire grâce à une bonne négociation.

Il faut aussi que tu gardes en tête qu'**1€ reste un 1€** : trop de monde se laisse porter par les sommes élevées en immobilier, et laisse parfois des milliers d'euros s'envoler sans avoir tenté de négociation, alors que ces sommes auraient pu être réinvesties ailleurs.

Jouer un rôle

La négociation, c'est avant toute chose une interaction entre plusieurs personnes, une relation de force qui vise à « soumettre » l'autre afin d'**obtenir un meilleur prix**. Pour cela, il faut jouer un rôle pour se crédibiliser et avoir une certaine autorité sur son interlocuteur. Jouer un rôle, ce n'est pas pour autant trahir la personne que tu es : il s'agit simplement d'être professionnel.

Tu te dois d'être irréprochable physiquement : personne ne te prendra au sérieux si tu arrives en jogging baskets - je sais bien que c'est stylé et confortable, mais garde-les pour tes weekends à la maison. Sois professionnel : chemise, tailleur, coiffure travaillée etc. Ainsi, tu inspires la confiance et le respect, ce qui t'assure une certaine forme de crédit. Cela te permettra d'être plus persuasif dans la négociation. Tu gagnes également en crédibilité face à un artisan qui pourrait gonfler les prix en voyant ton manque d'expérience.

Ton apparence ne doit toutefois pas faire de toi quelqu'un de coincé et froid : elle te rend crédible mais tu dois inspirer la sympathie. L'agent immobilier ou le propriétaire du bien sera plus à même de t'écouter, de te faire confiance : la moitié de la négociation est déjà faite.

La règle des 3 prix

Le principe d'une négociation, c'est de trouver un accord sur le prix de vente entre l'acheteur et le vendeur. Pour cela, en tant qu'acheteur, tu dois avoir 3 prix en tête :

- Le prix de vente affiché
- Ton prix « plafond »
- Un prix inférieur

Tu connais le marché sur le bout des doigts et tu as fait tous tes calculs de rentabilité pour savoir à quel prix tu veux obtenir le bien : c'est ton **prix « plafond »**. Ne commence donc pas la négociation par ce dernier : tu dois commencer par faire une offre plus basse afin de laisser la possibilité au vendeur de te rejoindre en diminuant son prix et finir par vous aligner sur un prix inférieur ou égal au tien.

Les bonnes questions

Pourquoi le propriétaire vend son bien ?

Poser la question des raisons de la vente s'avère être intéressant pour la négociation, car cela va te donner une idée de l'état d'esprit du vendeur. De nombreuses situations peuvent pousser un propriétaire à vendre rapidement : succession, divorce, mutation professionnelle... S'il est pressé de vendre, il te sera plus facile de négocier le prix.

Depuis quand le bien est-il à vendre ?

Si le bien a été mis en vente il y a quelques jours seulement, alors il y a peu de chance pour que le vendeur accepte de faire de grosses concessions sur le prix de vente affiché.

En revanche, si le bien est sur le marché depuis plus longtemps, c'est différent. Et pour cause, s'il n'a toujours pas trouvé preneur, cela signifie dans la plupart des cas que le vendeur a fixé un prix de vente trop élevé. Tu peux donc jouer là-dessus pour négocier et réduire le prix !

Les points faibles

Reprends le dossier que tu as remplis lors de tes visites ainsi que les différents devis de tes artisans, ils vont te servir de base pour baisser les prix. Tu dois faire remarquer au vendeur que le prix demandé est trop élevé par rapport a marché et aux travaux à prévoir : prépare tes arguments et liste-les afin d'être bien sûr d'en oublier aucun durant la négociation. Cela te permettra d'être plus serein et plus convaincant face au vendeur.

Ce dernier, forcé de constater toutes les modifications à prévoir pour rendre fonctionnel et/ou remettre son bien au goût du jour, va devoir s'aligner pour vendre. S'il refuse, n'hésites pas à lui demander pourquoi ? Demande-lui à quel montant il acceptera l'offre et vérifie si ce dernier correspond toujours à tes calculs de rentabilité.

Je te conseille de faire gonfler tes devis par les artisans afin d'avoir une meilleure marge de négociation auprès du vendeur. Pour cela, demande tout simplement à tes artisans de rajouter des éléments (huisseries, chauffages) et de sélectionner dans les devis des éléments haut de gamme. Cela va aussi être avantageux pour ta demande de prêt bancaire, mais je t'en parle un peu plus loin.

LE TEMPS

Dans une négociation, le temps est ton allié : il est important de prendre du temps pour réfléchir aux chiffres (prix du bien charges, loyer etc.), et ne pas prendre de décision hâtive.

Il va aussi te permettre d'instaurer un doute chez le vendeur en ne répondant pas immédiatement à une offre, mais en t'accordant un délai de réflexion de quelques jours pour recalculer ta rentabilité. Le vendeur pourrait prendre peur de voir la vente s'envoler et il te sera donc encore plus simple de négocier en lui demandant de faire un effort supplémentaire.

Ne propose JAMAIS un prix avant lui, il pourrait te proposer un prix inférieur à ce que tu as imaginé : c'est une marge potentielle à ne pas négliger.

Le compromis de vente

Lorsque tu t'es mis d'accord avec le vendeur sur le prix de vente, il est temps de signer un **compromis de vente**. Qu'est-ce que s'est ? Le compromis de vente est tout simplement un accord entre le vendeur, qui s'engage à vendre à l'acquéreur son bien au prix convenu, et l'acquéreur, qui s'engage à acheter le bien au prix.

Il est nécessaire de bien remplir ce document afin de pouvoir te défaire de la vente dans le cas, par exemple, où la banque ne te financerait pas. Le risque étant de perdre l'**indemnité d'immobilisation** potentiellement versée à la signature, dans le cas où tu abandonnerais la vente pour un motif non recevable.

Il est important de bien rédiger les clauses suspensives dans le compromis de vente : ce sont les conditions sans lesquelles la vente ne peut pas aboutir.

- **Condition suspensive d'obtention de prêt** : au moment de la signature du compromis, la banque t'a donné ta capacité d'emprunt, mais ne s'est pas engagée sur l'opération pour laquelle tu viens de signer. Il est donc plus que nécessaire de soumettre la vente à l'obtention de ton crédit. La condition suspensive de financement bancaire doit être limitée dans le temps : il faut établir une date à laquelle la banque doit s'engager à se positionner.

○ **Condition suspensive de réalisation de travaux** : il est important de s'accorder par écrit sur les travaux que le vendeur s'engage à réaliser pour la vente (il faut donc fixer un délai). Il arrive parfois que pour vendre, le propriétaire promette de faire quelques travaux, qui ne sont finalement pas effectués en moment de la signature chez le notaire.

Avant de signer le compromis de vente, relis-le en long, en large et en travers et assure-toi que l'agent immobilier ou le vendeur n'a inscrit des clauses qui ne te conviennent pas.

COMMENT RÉAGIR EN CAS DE DÉPASSEMENT DES DÉLAIS ?

Lorsque les semaines et les mois passent sans que le courtier ou les banques ne reviennent vers toi, il est important de ne pas rester inactif : il faut réagir avant la fin du délai imparti. Dans le cas contraire, tu risques de « t'asseoir » sur l'indemnité d'immobilisation versée à la signature du compris.

Une vingtaine de jours avant la fin du délai imparti, je te conseille dans un premier temps de te rapprocher du courtier ou des banques, pour savoir où ton dossier en est ; puis de prendre contact avec le propriétaire vendeur, l'agent immobilier et le notaire pour leur faire part de la situation. Généralement, les parties comprennent que les délais peuvent être longs, mais il faut obligatoirement que tu demandes au vendeur un écrit attestant son accord pour rallonger le délai.

COMMENT RÉAGIR EN CAS DE REFUS DE PRÊT ?

Il arrive, malgré tous tes efforts et tous les établissements bancaires consultés, que ta demande de prêt immobilier ne reçoive pas d'issue favorable, pour différentes raisons (dossier bancal, gestion peu minutieuse des comptes, taux d'endettement trop élevé...). Il est impératif de te préparer à cette éventualité, mais ne te laisse pas abattre : en suivant mes conseils, tu es sûr de décrocher ce fameux prêt.

Sache que 95% des personnes qui sollicitent un crédit immobilier se présentent sans avoir préparé un **dossier solide**. En préparant soigneusement ton dossier, en expliquant ta rentabilité et tous tes calculs, crois-moi, les banquiers seront surpris car cela n'est pas monnaie courante.

Si toutefois tu ne devais pas être financé, tu dois pouvoir justifier d'au moins 2 refus de banques différentes afin d'annuler le compromis de vente auprès du notaire et du vendeur. Il faut demander à chaque établissement bancaire ne souhaitant pas te financer une attestation de refus de prêt.

Étape 5
La demande de prêt

Lorsque tu veux mettre à disposition un logement meublé, il faut faire financer les meubles par le crédit immobilier. Toutefois, ce n'est pas l'objet du prêt : techniquement, il faudrait avoir recours à un crédit à la consommation. Mais l'idée n'est pas d'augmenter ton taux d'endettement inutilement et te bloquer pour de futurs investissements.

Pour compenser, 2 solutions qui s'offrent à toi :

- **Financer le mobilier avec ta trésorerie** : cette option n'est idéale que dans la mesure où tu disposes d'une trésorerie très importante. Dans ce cas, utilise une partie de tes fonds pour financer les meubles.

- **Utiliser les différents postes de travaux** pour subventionner ton mobilier. Pour cela, il te faux calculer le montant du mobilier que tu souhaites et gonfler les devis travaux en conséquence.
  Au moment d'acheter le matériel pour les travaux, achète ce qui est « en trop », fais faire la facture (que tu envoies à la banque pour débloquer les fonds) puis fais-toi rembourser par l'enseigne.

Se faire aider d'un courtier ou faire soi-même ?

Le choix de te faire aider par courtier ou non dépend avant tout de ton profil : si ton travail te prend énormément de temps, si tu as une vie de famille et beaucoup d'obligations, tu n'auras pas nécessairement le temps ni l'énergie pour démarcher toutes les banques de ta ville.

Dans ce cas, il peut être intéressant de faire appel à un **courtier en immobilier**. C'est un expert de l'immobilier qui sert d'intermédiaire entre l'acquéreur et les établissements bancaires. Il t'aidera dans le calcul de ton taux d'endettement et du montant de l'emprunt auquel tu peux prétendre par exemple, son rôle étant, *in fine*, de trouver le meilleur financement pour ton projet.

L'avantage du courtier, c'est véritablement le gain de temps et d'énergie : étant en relation avec de nombreuses banques, le courtier va envoyer ton dossier simultanément à plusieurs établissements. Cela t'évite évidemment autant de rendez-vous que d'établissements contactés. Il reviendra ensuite vers toi pour te faire le bilan des offres et te proposer la meilleure en termes de taux et de conditions.

Il faut toutefois faire attention à ce que ton courtier comprenne ta stratégie d'investissement et se batte pour ça ! Tu dois impérativement le briefer sur tes intentions, s'il te dit que ça va être difficile parce que tu n'as pas de résidence principale et que tu le sens frileux, vois un autre courtier.

J'ai personnellement eu recours aux services d'un courtier : je n'en suis pas mécontent, mais je pense que j'aurais pu prétendre à plus d'offres et peut-être des offres plus intéressantes si j'avais moi-même dû rendre visite aux banquiers. Ma situation personnelle ne me le permettait pas et je ne regrette pas mon choix, mais si tu as le temps et l'énergie nécessaire, je te recommande de gérer toi-même tes demandes de prêt auprès des banques.

Plusieurs raisons à cela :

- Cela va te familiariser avec le milieu bancaire, que tu seras amené à fréquenter régulièrement si tu décides d'investir. Tu vas apprendre à te vendre, à vendre ton idée, et ta stratégie d'investissement à un professionnel qui - on ne va pas se mentir - réfléchit surtout en termes de rentabilité, de risque et de taux d'endettement. Ce monde t'est certainement peu familier et cela peut-être impressionnant les premières fois.

- Il est important que ce soit toi qui te battes pour ton projet en démontrant au banquier ta bonne foi, ton professionnalisme, ton expertise en termes d'investissement, pour ainsi crédibiliser ton projet. Je ne te cache pas que la location courte durée peut effrayer les banques : il est donc primordial d'être bien préparé, de monter un dossier solide démontrant la rentabilité de ton bien à la fois en LCD et en location « classique ». Applique à cette étape les conseils évoqués pour la phase de négociation.

○ Tu vas aussi pouvoir essayer de lier une certaine proximité avec le banquier : fais-en sorte qu'il se projette, qu'il ait envie de prendre part à ton projet et qu'il te suive pour le financement.

Le dossier bancaire

L'idée d'un dossier bancaire, c'est de te présenter, de remettre en contexte ton projet d'investissement et sa rentabilité, d'**expliquer ta stratégie**... bref, de montrer au banquier que tu maîtrises ton sujet et qu'il peut te suivre financièrement. Ce dossier sera présenté à différentes personnes au sein des banques, y compris les responsables : il doit donc être compréhensible et qualitatif.

Retrouve le fichier « dossier bancaire » en téléchargement Dropbox à la fin du livre.

Page de couverture

Elle se veut la plus simple, pro et attractive possible pour que ton dossier suscite l'intérêt des banquiers. Pour cela, choisis une belle image de ton bien, un dessin, un plan 3D etc. Tu vas aussi inscrire sur cette première page le type de bien que tu souhaites faire financer, sa localisation, tes nom et prénom.

Présente-toi

À la page suivante, présentes-toi afin qu'on puisse connaitre rapidement qui tu es et ta situation.

- **Identité** : nom, prénom, âge, situation matrimoniale (si tu es marié, précise sous quel régime).
- **Coordonnées** : numéro de téléphone, adresse mail, adresse postale.
- **Situation professionnelle** : métier, type de contrat (CDI, CDD, Intérim...), revenus professionnels.
- **Situation financière** : patrimoine, épargne, placements financiers, revenus locatifs.

TES INVESTISSEMENTS

Si tu as déjà des investissements immobiliers à ton actif, je te conseille de les mettre en avant sur cette page en les présentant avec quelques photos et en parlant de leur rentabilité, des revenus qu'ils te génèrent. Le fait de les présenter en début de dossier permet au banquier de tout de suite te prendre au sérieux et comprendre qu'il a à faire à un investisseur crédible.

PRÉSENTE TON PROJET

Présente ton projet d'investissement et tes motivations.

Investissement locatif

Notre souhait de devenir propriétaires est largement motivé par la volonté de se constituer un patrimoine immobilier le plus tôt possible. Investir dès aujourd'hui, c'est avant tout préparer l'avenir mais c'est également s'offrir la possibilité de faire fructifier ce patrimoine tout au long de notre vie.

Bien que peu commun, notre choix d' investissement locatif est en cohérence avec notre projet personnel d'acquérir notre résidence principale en Bretagne dans les 3 à 5 ans à venir.

Plutôt que d'investir dans une résidence principale dans l'agglomération nantaise pour une durée courte, nous faisons le choix de la rentabilité : devenir propriétaires tout en restant locataires nous permettrait d'augmenter notre pouvoir d'achat et notre épargne grâce aux revenus locatifs afin, à terme, de réaliser notre projet immobilier sur les côtes bretonnes. Nous aurions pu choisir un investissement locatif « classique », mais nous souhaitons nous orienter vers la location courte durée qui génère des revenus locatifs plus importants et qui, à une échelle modeste, participe au développement touristique de notre agglomération.

Présente ta ville et sa région

Présente la ville dans laquelle tu souhaites investir et sa région, et mets en avant leurs centres d'intérêt. Prouve par A+B qu'il y a de la demande locative et que ton bien sera rentable.

Le tourisme à Nantes et son agglomération

L'agglomération nantaise est une destination touristique de plus en plus prisée par les français et les étrangers : elle accueillait près de 610 000 visiteurs en 2018.

Par ailleurs, l'aéroport Nantes-Atlantique est le 1er aéroport du Grand Ouest : il comptabilisait 6,2 millions de passagers en 2018, et enregistrait une hausse du trafic de 12,9% par rapport à 2017.

L'hébergement touristique à Nantes

En 2018, 3 300 000 nuitées ont été réservées dans l'agglomération nantaise, avec un pic de fréquentation sur la période estivale.

AirBnB

4ème site de voyage le plus visité

9%

Proportion de nuitées réservées via AirBnB sur Nantes

58€

Prix moyen d'une nuitée AirBnB à Nantes*

Notre recherche

Afin de maximiser notre taux de remplissage (et donc nos revenus locatifs), nous avons décidé d'investir dans le cœur de la ville, au plus près des *lieux attractifs*, dans un rayon de 3 km autour de la Place du Commerce et aux abords d'une ligne de tramway. Pour que le séjour de nos hôtes soit des plus confortables, nous souhaitons que le logement soit situé à moins de 15 minutes de l'hypercentre et de ses commodités. Convaincus que l'emplacement du logement est un critère plus important que sa surface pour les voyageurs, nous recherchons un appartement de petite taille de type *studio*, T1 bis ou T2 (d'une surface de 20 à 40 m²) permettant d'accueillir une personne seule ou un couple.

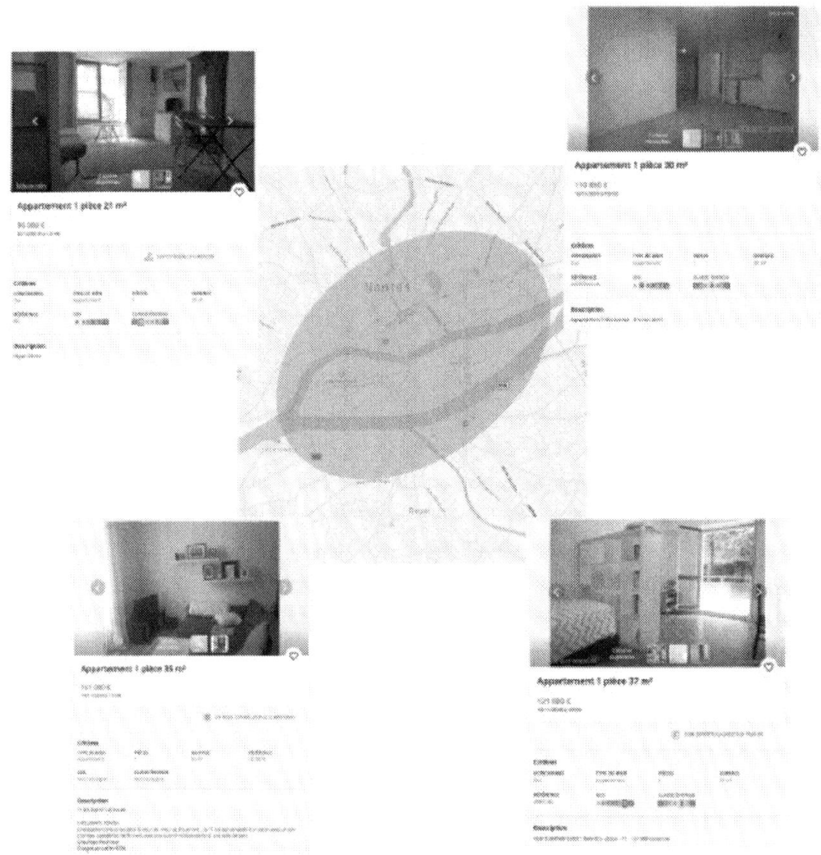

Notre futur bien

Après plusieurs visites, nous avons trouvé le bien idéal pour notre projet d'investissement locatif en courte durée. Il s'agit d'un *studio de 25 m²* au cœur du quartier Canclaux-Mellinet.

Prix de vente (net vendeur) : 85 500€

+ 7 500€ de frais d'agence
+ 7 800€ de frais de notaire

TON BUDGET

Présente dans un tableau simple et concis ton budget. Sache que la banque, afin de calculer ton taux d'endettement, ne s'intéresse qu'à tes revenus (salaires, revenus locatifs) et charges fixes (loyer, mensualités de crédit, impôts). Le reste est considéré comme ton reste à vivre, donc ne renseignes pas toutes tes dépenses comme les courses, les assurances, ton abonnement Netflix et la salle de sport où tu n'es allé que 6 mois (oui oui, c'est du vécu).

Notre budget

ENTRÉES D'ARGENT	
Salaire Martin	1 500 €
Salaire Mathilde	1 630 €
REVENUS TOTAUX	3 130 €

SORTIES D'ARGENT	
Loyer	515 €
Crédit Auto	200 €
Prêt étudiant	175 €
DÉPENSES TOTALES	890 €

ARGENT RESTANT	
Reste à vivre	2 240 €

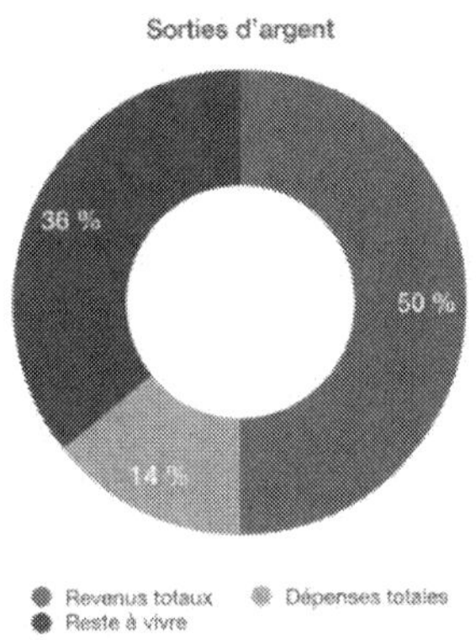

Parmi les 2 240€ restants pour vivre, nous épargnons la somme de 650€ chaque mois. En nous basant sur ces chiffres, il nous est possible de rembourser une *mensualité de crédit de 650€*.

Ce cas est l'exemple type de « Faites ce que je dis et pas ce que je fais ! »... Ce budget était le notre lors de mon premier investissement immobilier avec ma conjointe : nous avions tous deux des crédits à la consommation (voiture et prêt étudiant). Ces derniers augmentaient considérablement notre taux d'endettement, ce qui a freiné pratiquement toutes les banques auxquelles nous avons fait appel.

Comme tu peux le constater, nous avions plus de 2 200€ de reste à vivre et nous épargnions 650€ chaque mois : nous avions donc les capacités financières pour absorber un nouveau crédit. En plus de cela, l'investissement locatif nous génèrerait près de 1 400€ de chiffre d'affaires pour une mensualité de crédit de 590€. Nous nous sommes battus auprès de différentes banques et nous avons réussi à être financés.

La rénovation

Mets en avant les améliorations que tu comptes apporter à ton bien afin de le rendre plus attractif, lui donner de la valeur ajoutée (rafraîchissements, transformation du bien en le divisant ou en y ajoutant des pièces, etc.).

Pour illustrer tes idées, je te suggère de créer une représentation 3D sur un logiciel : SketchUp, Home by Me etc. Cela va te permettre de visualiser ce que tu souhaites faire, te rendre compte de la faisabilité du projet et son rendu final, mais également cela va permettre au banquier de se projeter beaucoup plus facilement.

Les banquiers n'ont pas l'habitude qu'on leur présente ce type de rendu en tant que particulier : ils vont être agréablement surpris de la qualité de ce que tu leur proposes et seront donc bien plus enclins à te suivre. En plus de ça, crois-moi, ton dossier fera le tour du personnel des agences et ils en parleront pendant plusieurs semaines.

La rénovation

Afin que notre bien suscite l'intérêt des voyageurs, il est nécessaire de le *rénover* : quelques travaux d'aménagement et d'ameublement sont ainsi nécessaires pour le proposer à la location. Les principaux aménagements consistent à :

- déplacer la cuisine pour créer un espace nuit
- rénover la salle d'eau & la cuisine
- rénover les sols
- installer une verrière
- meubler l'appartement

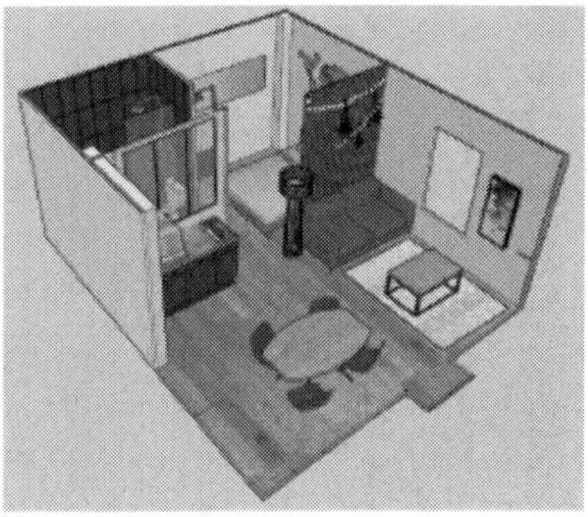

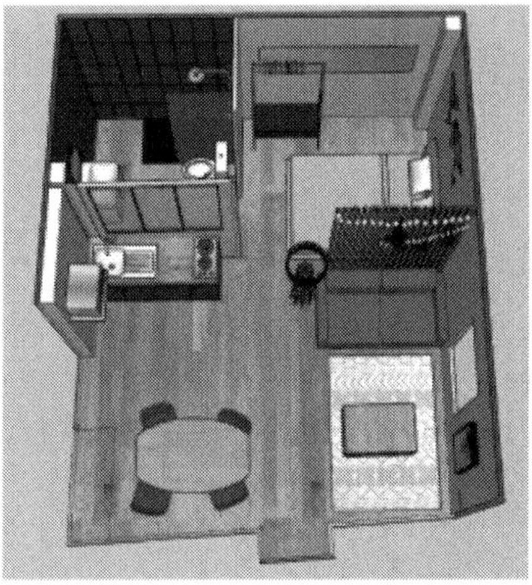

Ces aménagements nous permettent de transformer l'actuel studio en T1 *Bis*.

Financement

Appartement	85 000 €
Frais d'agence	7 500 €
Frais de notaire	7 800 €
Enveloppe travaux	15 400 €
TOTAL	**115 700 €**

La rentabilité

Il est temps de parler de rentabilité ! C'est le nerf de la guerre pour le banquier : lorsqu'il va voir tes chiffres prévisionnels, il faut qu'il puisse sentir tout le potentiel de ton investissement. Mais sache que la LCD effraie un peu car, contrairement à la location « classique », les revenus ne sont pas fixes, ils fluctuent en fonction de la demande. C'est pourquoi tu dois montrer au banquier la rentabilité en location moyenne ou longue durée. Réfère-toi à l'Étape 3 - L'étude de marché, rubrique « Rentabilité ».

La rentabilité

En nous basant sur une mensualité de crédit de 580€* et une nuitée facturée 55€, nous pouvons établir ce tableau prévisionnel de rentabilité.

CHARGES			
CHARGES FIXES		**CHARGES VARIABLES**	
Crédit immobilier	600 €	Linge	7 €
Charges de copropriété	31 €	Ménage	20 €
Électricité	50 €		
Taxe foncière	42 €		
Conciergerie	35 €		
Assurance PNO	15 €		
TOTAL / mois	**773 €**	**TOTAL** / réservation	**27 €**
BÉNÉFICES			
Nuitées réservées	15	20	30
Bénéfices (€)	52	327	877

Seuil de rentabilité : 15 nuitées.

La fiscalité

Aborde la fiscalité que tu as choisi pour ton futur investissement - tu feras plaisir à ton banquier. Mets en avant tous les points positifs qui en découlent, comme l'absence d'imposition sur plusieurs années grâce au déficit généré par les charges et les travaux dans le cadre du régime BIC au réel.

Les annexes

Mets à disposition du banquier tous les documents qui t'ont servi pour mes recherches : l'étude de marché de ta ville par secteur, l'étude de rentabilité et l'attestation de valeur locative.

Enfin, anticipe la demande du banquier en joignant au dossier l'ensemble des pièces justificatives dont il a besoin pour étudier ton dossier et monter le prêt. C'est un gain de temps pour toi comme pour lui, et un point de plus marqué en ta faveur.

- Un justificatif d'identité et de domicile récent.
- Documents financiers : 3 derniers bulletins de salaires, 3 derniers relevés de compte, relevé d'épargne, avis d'imposition et tableaux d'amortissement des prêts en cours.
- Les devis des travaux.

LES CONDITIONS DU PRÊT À NÉGOCIER

Afin de t'assurer une meilleure rentabilité, il est possible et fortement recommandé de négocier avec la banque certaines conditions de réalisation du prêt.

LE DÉCALAGE DES MENSUALITÉS

Le décalage des mensualités, appelé **différé d'amortissement**, te permet de ne payer que les intérêts de ton emprunt (et l'assurance bien sûr) pendant une durée limitée pouvant aller jusqu'à 36 mois. Ce différé est utilisé lorsque tu as des aménagements à réaliser sur ton bien et que tu ne peux donc pas jouir de sa rentabilité pleine et entière le temps des travaux.

Je te conseille de le demander systématiquement et de négocier la durée la plus longue possible. Cela va te permettre deux choses :

- De ne payer qu'une petite partie de ta mensualité de crédit pendant la durée les travaux afin de perdre le moins d'argent possible.

○ D'augmenter considérablement ton *cash flow* le temps du différé, si les travaux se terminent avant la fin de celui-ci - et qui, je te le rappelle, peut durer jusqu'à 36 mois. Ta mensualité de crédit est temporairement réduite alors que ton activité bat son plein, ce qui va te permettre de te créer de la trésorerie pour tes investissements futurs.

LES FRAIS DE REMBOURSEMENT ANTICIPÉ

Rembourser par anticipation son prêt totalement ou partiellement est un droit ; cependant cela a un coût, car la banque percevra moins d'intérêts. Elle doit donc compenser son « manque à gagner » par des frais de remboursement anticipé. Ces frais, tu peux les négocier et je te conseille de le faire car ils peuvent s'élever jusqu'à 3% du capital restant dû.

LES FRAIS DE DOSSIER

Ces frais sont censés couvrir les dépenses liées à la constitution et à la gestion de ton dossier. Ils sont généralement compris entre 0.4 et 1% de la valeur totale du prêt. Tu peux donc les négocier en faisant jouer la concurrence, ou en négociant des contreparties comme le transfert de l'ensemble de tes comptes dans l'établissement bancaire, la souscription de parts sociales etc.

ÉTAPE 6
LA GESTION DE L'ACTIVITÉ LOCATIVE

DÉCLARATION D'ACTIVITÉ

LA DÉCLARATION EN MAIRIE

Il faut déclarer ton meublé de tourisme auprès de la mairie de ta ville afin d'obtenir un **numéro de déclaration**, indispensable pour ton activité. Cette déclaration est un préalable à la mise en location de ton bien : si tu mets en location ton bien sans avoir effectué cette déclaration, tu encours une amende de 450€ (ou 2 250€ pour les SCI).

Pour cela, il faut remplir le formulaire CERFA 14004-04[10] (lien direct et téléchargement Dropbox). Si tu disposes de plusieurs appartements, il faut faire cette déclaration pour chacun d'entre eux.

LA DÉCLARATION AUX IMPÔTS

Pour exercer une activité de location courte durée, il faut obtenir un numéro d'immatriculation appelé **SIRET**, en remplissant le formulaire P0i[11] (lien direct et téléchargement Dropbox). À partir du second bien, il faut remplir le P2P4i.

[10] https://www.service-public.fr/particuliers/vosdroits/R14321

[11] https://www.service-public.fr/particuliers/vosdroits/R13748

Les hébergeurs

Il existe une multitude de sites internet de locations de vacances proposant des services plus ou moins semblables. Mais il est essentiel que tu publies sur plusieurs d'entre eux afin d'étendre ta visibilité au maximum.

airbnb

C'est le site le plus visité et connaissant le plus de réservations : la plateforme compte plus de 5 millions d'annonces partout dans le monde. Airbnb te permet un contrôle total sur les disponibilités, les prix, ainsi que le règlement intérieur de ton logement.

Points forts	**Points faibles**
✓ Notoriété du site ✓ Esprit communautaire ✓ Gestion des paiements ✓ Gestion des réservations	✗ Concurrence forte ✗ Pas de droit à l'erreur, une annonce peut rapidement être déclassée

Booking fonctionne sur le même principe qu'Airbnb, mais la concurrence est directe avec des hôtels et des particuliers.

POINTS FORTS	POINTS FAIBLES
✓ Interface	
✓ Visibilité internationale	✗ Rémunération mensuelle
✓ Service client réactif	✗ Commission élevée (15 à 17%)
✓ Gestion des réservations	

Expédia c'est l'agence de voyage en ligne la plus développée dans le monde.

POINTS FORTS	POINTS FAIBLES
✓ Visibilité dans + de 75 pays	
✓ Beaucoup de réservations	✗ Concurrence forte
✓ Service client réactif	✗ Commission élevée (25%)
✓ Services annexes (vols, location véhicules, ...)	

Abritel®
HomeAway

Abritel est une plateforme spécialisée dans les locations de vacances, et s'adresse davantage à une clientèle familiale.

POINTS FORTS	POINTS FAIBLES
✓ Visibilité internationale	✗ Concurrence forte
✓ Service client réactif	✗ Commission élevée (25%)
✓ Gestion des réservations	

CRÉE TON PROPRE SITE INTERNET

Ton site personnel va te permettre d'atteindre une certaine indépendance vis-à-vis des sites de réservation et des prix que tu souhaites pratiquer. C'est-à-dire que tu gères toi-même les réservations sans avoir d'intermédiaire entre ton client et toi. Cela a pour conséquence de ne plus payer de commission à chaque réservation et d'augmenter ton *cash flow*.

Ne te fais pas de fausses idées sur la gestion du site, tu peux automatiser tout le processus de réservation, je te l'explique plus en détails dans les prochaines pages.

Le référencement

Lorsque tu ajoutes un bien sur les différents sites de réservation, assure-toi qu'il soit bien référencé afin d'être le plus visible possible et générer du *cash flow*. Plusieurs possibilités :

- Lors de ta première connexion, remplis un maximum d'informations sur ton bien pour que l'hébergeur puisse le proposer à un maximum de clients : localisation, équipement, services proposés, style de déco, points d'intérêt à proximité etc.

- Baisse le prix de la nuitée au début de ton activité pour te démarquer des autres et obtenir un bon rapport qualité/prix, qui sera mis en avant dans les commentaires de tes clients.

- Sois réactif aux demandes : cela est apprécié par les hébergeurs, ce qui te permet par la suite d'être mieux référencé.

- Accepte les courts séjours (1 nuit ou deux) : cela va augmenter ton nombre de réservations - et donc, de commentaires - et te permettre d'avoir un bon référencement plus rapidement.

Lorsque tu seras bien référencé avec de bons commentaires, alors tu pourras augmenter les prix, augmenter le nombre de nuitées minimum car tu auras assez de crédibilité auprès de tes futurs clients pour le faire.

L'AUTOMATISATION

En investissant dans l'immobilier locatif, tu n'avais certainement pas envie de te créer un second job : tu recherches non seulement l'indépendance financière, mais certainement aussi une indépendance temporelle et géographique, comme je l'évoquais au début de cet ouvrage. Te générer des revenus est une chose, te libérer du temps en est une autre. Et l'**automatisation de ton activité** est la réponse à ton envie d'indépendance.

Il faut mettre en place cette automatisation dès le lancement de ta première location en courte durée : en moyenne, la gestion dite « normale » d'un bien en LCD peut prendre près de 20 heures / semaine.

Automatiser ton activité, c'est avoir recours à des outils te permettant de gérer à ta place : la mise en place et la gestion de tes annonces, les envois de mails, les *check in* et *check out*, le paiement et les cautions, les éventuelles questions de tes clients, les éventuels problèmes, le ménage après chaque séjour, etc.

Déléguer le travail, que ce soit à une conciergerie ou à un logiciel par exemple, va te permettre de te focaliser sur les tâches à plus haute valeur ajoutée. Cela permet aussi de développer des compétences comme le management à distance et la communication. Il faut apprendre à déléguer de manière efficace (trouver la bonne personne, expliquer les tâches à réaliser, trouver le bon logiciel d'automatisation, comprendre son fonctionnement, etc.) pour de dégager du temps.

<u>LE *CHANNEL MANAGER*</u>

C'est un logiciel qui te permet d'automatiser ton activité en faisant 90% du travail à ta place. Concrètement, un *channel manager* est un logiciel qui connecte en temps réel ton logement aux sites de réservations en ligne auxquels tu es connecté (Airbnb, Booking, Expédia, etc.) et synchronise tous les différents contenus.

Le *channel manager* te permet de :

- **Gérer et synchroniser tous les calendriers** de réservations des différentes plateformes et ainsi éviter les doubles réservations ;

- **Gérer les prix et les synchroniser** sur toutes les plateformes. Au lieu de te rendre sur chaque site pour changer les prix manuellement, tu n'as plus qu'à rentrer ton prix sur le *channel manager* et celui-ci se charge de changer tous les prix des sites sur lesquels tu es référencé ;

- **Gérer les paiements et les cautions** : les paiements de tes clients sont synchronisés sur le *channel manager* et tu as la possibilité d'ajouter une caution par empreinte bancaire ;

- **Gérer les statistiques** : tes statistiques te permettent de connaître ton activité et d'ajuster le tarif en fonction de la demande et de la saisonnalité ;

- **Générer des messages types** qui répondent à plus de 90% des questions posées par les clients et les envoyer automatiquement juste après leur réservation sur un site, juste avant leur arrivée, pendant leur séjour et après leur départ.

Le *channel manager* le plus complet et ayant le meilleur rapport qualité/prix, c'est Beds24[12]. Il coûte 15-20€/mois pour le premier bien (tarif dégressif en fonction du nombre de biens gérés). Son utilisation est plutôt simple ; néanmoins, si tu as des interrogations, je t'invite à regarder des vidéos explicatives sur YouTube, c'est le meilleur moyen pour apprendre à manipuler le logiciel.

LES MESSAGES

Envoyer des messages à chaque client (de bienvenue, d'explications pour accéder au logement etc.), te prendra énormément de temps si tu n'automatises pas cette tâche répétitive. Il y aura toujours des imprévus et des questions auxquelles tu devras répondre, mais tu peux prévoir via Beds24 des messages types qui répondent à près de 90% des interrogations des clients de manière automatique.

- **Message de confirmation** : un message de confirmation de la réservation est très apprécié par les clients. Dans ce message, tu peux demander à quelle heure ils comptent

[12] https://www.beds24.com/

arriver afin de gérer le *check in* si tu fais appel à un prestataire. Sinon tu peux préciser qu'ils sont libres d'arriver à l'heure qu'ils souhaitent via un *check in* automatisé (boîte à clefs ou serrure connectée).

- **Accès au logement** : fais parvenir par sms ou par mail à tes clients, via un lien DropBox, un livret de bienvenue (disponible en téléchargement Dropbox) sur l'accès au logement (emplacement exact, procédure d'entrée dans le logement etc.). Cela te permettra de donner un maximum d'informations essentielles pour limiter les éventuelles questions par la suite.

- **Message avant le *check in*** : si tu fais appel à un prestataire, envoie un message pour reconfirmer l'heure d'arrivée 2-3 jours avant, pour être sûr d'avoir eu cette information et de pouvoir la transmettre à ton prestataire.

- **Message après séjour** : envoie un message automatique de remerciement à tes clients 1 jour après leur séjour. Profites-en pour leur demander de laisser un commentaire sur la plateforme de réservation : cela est primordial pour ton référencement.

CHECK IN / CHECK OUT

La gestion des entrées et des sorties de tes clients est l'une des tâches les plus chronophages de l'activité de location saisonnière. Tu dois te rendre sur place à chaque fois et ce, même si tu n'habites pas à coté et même si tu as un travail qui ne te permet pas de prendre ce temps-là. En plus de ça, tu dois contraindre tes clients à arriver et partir à une heure précise à laquelle tu peux te rendre disponible.

Il existe quelques solutions pour te libérer de cette tâche :

- **La boîte à clefs** : elle permet à tes clients d'entrer dans le logement en toute autonomie. Cette boite est un petit coffre-fort mis à disposition à l'extérieur du logement et dans lequel on peut disposer les clefs de ce dernier. Il se ferme et s'ouvre par un code manuel, mécanique ou digital selon les modèles. Il suffit de communiquer le code d'ouverture du boitier dans ton message d'accès au logement.

Je te conseille de prendre une **boîte à clefs connectée** qui va pouvoir générer un code différent pour chaque séjour. La boîte à clefs « Smartkeybox »[13] de Igloohome est un modèle avec un très bon rapport qualité/prix (environ 190€).

Néanmoins, ces boites à clefs ne présentent pas que des avantages : beaucoup de copropriétés refusent de les mettre en place, les estimant peu sécurisées. De plus, beaucoup de compagnies d'assurance, en cas d'effraction, refusent d'indemniser les propriétaires qui ont subit un cambriolage.

- **La serrure connectée** : elle vient en remplacement de la serrure de la porte d'entrée pour permettre son ouverture sans que tes clients n'aient besoin de la clef. C'est un

[13] https://igloohome.fr/accueil/1-smart-keybox-0760655030592.html

système plus sécurisé et plus simple d'utilisation. Elle permet différents modes d'ouverture : par un code PIN, par *bluetooth* via un téléphone connecté à l'application, par une carte d'accès ou bien une clef, et tout ça, sur la même serrure.

Les modalités d'accès par code PIN ou par *bluetooth* via un téléphone sont personnalisables et programmables. Le point négatif d'une telle serrure est son prix : 350€ en moyenne. Mais n'est-ce pas là le prix à payer pour la sécurité et la tranquillité ? Cependant, rassure-toi, il est possible de faire passer cette dépense dans tes charges déductibles des impôts.

Il faut aussi prendre en compte l'ouverture de la porte d'entrée de l'immeuble dans le quel se trouve ton logement s'il s'agit d'un appartement. Propose à la copropriété de faire changer la serrure de la porte d'entrée de l'immeuble par le même type de serrure connectée ou bien d'autoriser la mise à disposition une boîte à clefs.

- **Un prestataire** : tu peux enfin faire appel à une tierce personne pour la gestion des *check in* et des *check out* à ta place. Il existe pour cela des conciergeries spécialisées, proposant leurs services en échange de rémunération.

Le point fort de ces services reste la relation qu'ils nouent avec les clients. Cela dépend du type de clientèle, mais en règle générale, les voyageurs préfèrent être accueillis par une personne plutôt que par une boîte à clef. D'autres toutefois, préfèrent être autonomes dans l'heure d'arrivée et de départ, cela dépend de ta clientèle cible.

Le point faible reste le prix, qui entache ta rentabilité. Il faut compter entre 30 et 45€ pour qu'une conciergerie assure le *check in* et le *check out* d'une réservation. Si chacun de tes clients ne réserve qu'une nuitée entre 50 et 70€, tu as peu de chance d'être rentable (car, ne l'oublie pas, tu as d'autres charges à payer).

Le système de serrure connectée est, selon moi, le plus avantageux pour ton activité de location en courte durée.

LE MÉNAGE

La partie du ménage et la gestion du linge de maison est l'une des tâches les plus contraignantes et les plus difficiles d'un point de vue logistique en LCD. Il est primordial que ton logement soit irréprochable sur la propreté : c'est l'un des critères les plus importants pour tes clients, tu n'as pas le droit à l'erreur. Cependant, il est également impératif de déléguer cette tâche pour ne pas te créer un second job - ce qui, je te le rappelle, n'est pas le but de la manoeuvre.

Déléguer cette tâche suppose de faire appel à une personne ou une entreprise spécialisée compétente (qui peut-être la conciergerie qui s'occupe des *check in* et *check out*) et en qui tu as suffisamment confiance pour ne pas aller vérifier la qualité du travail après chaque *check out*. Il te faudra t'armer de patience pour trouver la bonne personne, et ne pas hésiter à essayer les services de plusieurs personnes / entreprises.

Une fois la bonne personne / entreprise trouvée, il faut lui expliquer de A à Z tous les éléments à nettoyer dans ton bien et tes attentes. Dresse avec précision la liste des tâches que tu lui confies (document disponible en téléchargement Dropbox). Au début, il te faudra vérifier après son passage que vous vous êtes bien compris et qu'elle répond parfaitement à tes attentes.

Tout comme l'ensemble de ton activité, il est possible d'automatiser le ménage, en programmant l'envoi d'un mail ou d'un sms à ton agent d'entretien après le départ de chaque client, pour de le prévenir de la disponibilité du bien pour effectuer le ménage. Tu peux aussi lui donner accès à une partie du logiciel Beds24, afin que la personne ait accès aux entrées et sorties prévus pour s'organiser de façon autonome.

Finalement, tu n'as plus qu'à fournir les produits d'entretien et rémunérer ton prestataire. Si jusqu'à présent tu détestais le ménage, désormais tu vas l'adorer !

Le mot de la fin...

Voilà l'ensemble des conseils que je voulais te prodiguer pour, toi aussi, te lancer dans l'immobilier locatif. Tu as désormais toutes les clefs pour prendre en main ton avenir. En suivant toutes les étapes une à une, tu ne peux que réussir.

N'aies pas peur de l'échec, crois en ton projet et fais-toi confiance. Entoure-toi de personnes qui comprennent ta démarche, qui ont les mêmes envies d'indépendance que toi, qui te soutiennent et te tirent vers le haut.

LANCE-TOI !

Scannez
et découvrez !

Pour scanner, téléchargez l'app Unitag
gratuite sur unitag.io/app

https://www.dropbox.com/sh/ts38jcq12548ogu/AAAMwVzOhSRlcvz4OOieHj6ea?dl=0&fbclid=IwAR3IQZ9mBVqdl8ncYVL5GkZn-TgLVZYbMEYiRTwabKwZJ_kTgo5eHebLsBo

ANNEXES À TÉLÉCHARGER

« L'étude de marché de ta ville par secteur »

« CV de ta recherche immobilière »

« Visite : les postes de vérifications »

« Tableau de rentabilité prévisionnelle »

« Dossier de prêt »

« *Check list* des tâches ménagères »

« Livret de bienvenue »

« Questionnaire de satisfaction »

Cerfa 14004-04, P0i & P2P4i

Printed by Amazon Italia Logistica S.r.l.
Torrazza Piemonte (TO), Italy

26927187R00087